JN196454

中小企業の経営社会学

―もうひとつの中小企業論―

寺岡　寛

Teraoka Hiroshi

信山社

SHINZANSHA

はしがき

国の統計では、大企業の数は一万弱、全体の〇・三パーセントである。あとの大多数は小さな企業である。労働人口では、大企業で働く人たちが全体のおよそ三〇パーセント、小さな企業で働く人たちが七〇パーセントである。街角のパン屋さんから、機械に使われるネジをつくる町工場まで小さな企業は私たちの周りに多い。地元の人だけが知る小さな企業の名前は、多くの人たちにとって無名である。だが、無名の小さな企業の経済活動によって、地域社会はしっかりと支えられている。

こうした叙述は小学生の副読本にも散見される。しかし、小さな企業にも時代の波は確実に押し寄せ、事業分野によっては経営基盤が揺らいでいる。いつの時代にも、この種の変化はあり、その都度、小さな企業は逞しく生きてきた。現在の変化はどのような影響を小さな企業に及ぼし、地域経済や地域社会にどのような足跡を残すのか。

現在の変化の一端は、情報通信技術の発達による。インターネット媒介の無店舗販売業による、「いつでも、どこでも」のサービスは人々の生活を快適にした。他方、「いつでも、どこでも」のサービスは、町の小さな商店やそこに商品を卸す小さな問屋の存立基盤を揺さぶる。商業統計からみて、小さな商店が大きな岐路に立つことは一目瞭然である。

働き方という点でも、「いつでも、どこでも」のサービスは多くの人たちに雇用の場を提供する一方、その労働条件は、「いつでも、どこでも」を支えるために劣化した。大企業でも、人工知能や自動機器の活用で雇用規模が縮小した。国内雇用の三〇パーセントを占める大企業は、そのグローバルな展開とは対照的に国内事業では岐路に立つ。技術革新の波が押し寄せるなか、大企業も小さな企業も、経営の維持には知恵と工夫で対応を模索するしかない。

経営論からすれば、新技術・サービスで存立基盤が崩されれば、より付加価値の高い分野へと事業転換すれば良い。今後、人工知能（ＡＩ）の応用が広範囲に進み、定型的な仕事は人工知能サービスに代替できる。ならば、個人の身の振り方として、私たちが非定型的な仕事を選択すれば、失業の危機を回避できるはずだ。論理的には。だが、人のスキルは短兵急に向上するわけではない。

本書では、企業規模からすれば、小さな企業のいままでを振り返り、中小企業の将来像を展望してみたい。過去の研究史では、中小企業の将来に悲観派と楽観派の見方が交差する。一九八〇年代初頭において、すでに、中小企業研究の碩学たちは、自動化の一層の進展やロボット化による定型的な仕事の減少を危惧した。他方で、中小企業の柔軟な対応力への期待もあった。だが、当時と今では、拡大経済と縮小経済という、経営環境の著しい違いがある。社会や経済が、量的な拡大から縮小へと向かうなかで、中小企業はどうあるべきか。

本書は、これから社会へ巣立つ若者たちへのメッセージである。

二〇一八年六月

寺岡　寛

目次

目　次

序章　中小企業論の今昔

今、この話を始めようとするのは、私がヴァンダーブルシュ（遊歴徒弟）からマイスター（師匠）になったという意味ではありません。初心を尊ぶこの道では、永久にマイスターになんかならない方が幸いでしょう。

（東山魁夷著『東山魁夷―わが遍歴の山河―』日本図書センター、一九九九年）

過去を切り捨てては、未来は切り開けない。時間は過去から現在、そして未来へと滔々と流れている。中小企業の経営環境は、時間の流れの中で変化してきた。同時に中小企業への見方も変わってきた。中小企業論の今昔を振り返る。

1

いくつかの偶然が重なり、中小企業の調査・研究に関わって、私の四〇年余りが過ぎた。四〇年間も中小企業の調査・研究に携わっていれば、マイスターになれそうなものだが、いまだに研究上のヴァンダー・ブルシェ（遊歴徒弟）である。それは中小企業の研究方法論の変化以上に、中小企業を取り巻く経営環境が大きく変わったためだ。変化をとらえるための不変軸をどこに求めるのか。私はこの基本命題を抱えたままでいる。

経済は、社会と相互依存性をもち連動する。人の意識と、経済・社会との関係はどうか。バブル経済とその崩壊、リーマンショックは私たちの意識を変えたのか。政府の政策思考はどうなったのか。しかし、意識の慣性力は急速には衰えない。それゆえ、私たちは、つねに経済と社会との関係をとらえなおす必要がある。経済と社会は、人びとの活動を通して、日常生活に感性として結びつく。そして、人びとの活動は人口動態に連動する。人口動態は人口密度の不均衡により、一方で過密問題、他方で過疎問題を生み出す。かつては過密が、現在では過疎が問題視され、喫緊の政策課題となっている。

過疎地域では、日常生活の維持が大きな問題だ。たとえ家計や企業経営を維持できても、地域の人間関係がなければ、日常生活は成り立たない。人は助け合ってしか社会的に生きられない。過疎地域では、経済が社会に組み込まれている意識が再び強くなっている。他方で、地域の枠をはるかに超える経済活動が、突然の変化をもたらすこともある。多くの人が、リーマンショックから学んだ点である。リーマンショックは、余剰資金が世界中で投機を求めて駆け回り、米国で破断した結果起こり、その影響は世界中に波及した。それはグローバル化の一側面であったが、現実の影響はローカルな場で起きた。地域を支え、若者たちを地域に引きとめてきた地域の主要産業も苦戦する。

個人的には、ここ五年余り、人口流出のはげしい過疎地域を集中的に訪れてきた。こうした地域は、若者の域外流出に歯止めがかかっていない反面、定年後の年金生活を過ごすシニア層が増えた。だが、若者層や中堅層の生活を支える職場がなければ、地域経済の再活性化は困難だ。この意味では、社会は経済のなかに組み込まれている。そして、この見方に固執すれば、人口減少や高齢化が顕著な地域にとって、一過性のイベントの乱発では未来の展望は全く見えてこない。この思考と発想から、若者やシニア層の「生きる」と「働く」のサイクルの見直しを図る必要がある。経済と社会、とりわけ地域社会との接点には、この思考を強く意識した経済主体の踏ん張りが必要である。

本書では、中小企業の奮闘に大いに期待している。よく考えれば、「期待」とは「期して待つ」という消極的な表現である。英語の"expect"も、ラテン語源の「何かが起こることを求めて外（ex）を見る（specere）」から来る。この表現もなにか第三者的な、傍観者のような心持だ。まずは、内を見なければならないのだ。

第三者的な期待から踏み出し一歩でも二歩でも前進するには、第一者的な見方、第二者的な見方も必要である。ここでいう第一者とは中小企業経営者やそこに働く人たちの立場である。第二者とは中小企業と取引関係のある経済主体全般のことである。企業、組合、ＮＰＯなどの組織もあれば、消費者としての個人もある。先に第三者を傍観者と述べた。傍観者には、当事者である第一者、関係者である第二者とは異なる、冷静な観察者として面がある。本書ではこの三様の見方を通して、中小企業の過去・現在・未来を論ずる。

2　中小企業は地域経済だけでなく、地域社会との関係で重要な位置を占める。本書では、中小企業の経営的側面と社会的側面との接点を探る。この意味で、タイトルを「中小企業の経営社会学」、サブタイトルを「もうひとつの（ローカル）中小企業論」とした。

中小企業の地域経済での存立形態を示すには、「産地」という言葉がよく使われた。「産地」には、同一業種の中小企業が特定地域に集中立地して、相互の協力関係の下に地域の競争力が保持されてきたという意味が込められた。産地の競争力が衰退したことで、その意味が薄れ、この表現も使われなくなった。背景には、地域経済と地域社会の関係性の消滅があった。同様に、「地場産業」という言葉も廃れつつある。産地と地場産業は重なり合う。中小企業の存立基盤に例をとれば、地場産業で利用された原材料は、地域の農林水産業に密接に関係していた。それが、農林水産業の衰退とともに、副業としての原材料加工、中間材料加工が衰退し、地場産業は原材料を域外に求めるようになった。この状況の下、地域内（産地）の社会的分業関係は変容した。

必然、産地全体の外部経済効果も薄れた。ある程度の自己完結性を保ちえた中小企業だけが存続し、中小企業間の連携性も崩れてきた。元は、中小製造業と中小商業との結びつきが強かったが、製造業の空洞化が地域内の中小商業や中小サービス業の連携性を低下させ、互いの存立に深刻な影響を及ぼす。

他方で、観光業を振興し地域経済の回復を求める動きもある。しかし、それだけでは、地域の経済社会は一挙に良くはならない。観光サービス業の農業や製造業への波及性が鍵を握る。地域経済政策として、ハイテク分野での地域ベンチャーや、既存中小企業のハイテク化、イノベーション（経営革新）の推進、さらに農林水産業の振興なども掲げられる。だが、この方向性も万能薬ではない。

都市を中心に世界各国の地域経済の栄枯衰退を観察・分析したジェイン・ジェイコブス（一九一六～二〇〇六）は、地域の健全な発展には、地域の実情に合致する臨機応変の対応が必要であるとし、補助金に依拠しないやり方を提唱した。まずは、地域内で供給しうる財やサービスは自給する。それが困難な場合は、他地域と積極的な移出入関係を構築する。臨機応変な対応とは、他地域の成功事例を模倣できない以上、「各自創意工夫せよ」の教えである。成功事例は、つまるところ、「あの時期に、あの経済・政治・社会情勢の下で、あのリーダーたちの活躍」があったからだ。同じ条件と人材を、そっくりそのままには再現できない。自らの想像力と創造力を高めるしかない。補助金に依拠するばかりでは、自立的な動きは高まらない。

経済や経営のみならず、社会的な想像力が必要である。想像力とは、社会に起こっていること、あるいは、起こりつつあることを理解する能力である。それがなければ、効果のある打開策は出てこない。

身近な生活だけではなく、社会全体の動きへの想像力を逞しくする。社会はどのように変わるのか、どのような社会を望むのかを展望する。それが出来なくてはマネジメント的創造力は発揮されない。

中小企業研究では、さまざまな見方や現状分析、展望が示されてきた。昨今では中小企業の経営行動の数量分析も盛んである。この間を埋める方法論としての、ケーススタディも廃ってはいない。これらの研究から、新しい萌芽が出てくるのはまだ先だろう。他方、未来展望には、温故知新、過去の歴史を振り返ることも必要である。

いずれにせよ、中小企業の存立基盤を経営スタイルから、あるいは、その経済基盤から、さらには地域社会の文脈から理解するには、中小企業研究においても社会変化への想像力が要求される。それを経営社会学的想像力と呼んでおこう。本書では、こうした視点を強く意識して、中小企業の第一者、第二者、第三者の存立基盤論を展開する。

第一章　中小企業の実虚像

今日、誰でも経費をかけずに小規模なビジネスをスタートさせて維持し、短期間で世の中を一変させるような事業に育てることができる。

（デボラ・ピシオーニ（桃井緑美子訳）『シリコンバレー最強の仕組み』）

中小企業の数は多い。私たちはその個別名をどれほど言えるだろうか。他方、大企業の数は限られ、個別名を、すぐに挙げられる。中小企業とは、どのような存在なのか。数が多い分、実像と虚像は交差する。ピシオーニの指摘のように、世界を一変させた小さな企業が次々と生まれれば、社会は活力に満ちる。若者には夢ある未来展望となる。どのような社会であれば、それが可能になるのか。その分析には、経営社会学的な視点が重要だ。

経営社会学の方法

1　先に言及した第一者的見方とは経営論である。第二者的見方とは社会論である。これを統合するのが第三者的見方としての経営社会論＝経営社会学である。では、経営社会学的アプローチとは何であるのか。学説史的には、経営社会学＝「経営に関する社会学」は一九二〇年代の戦間期のドイツを中心に生まれた。米国では「産業社会学」の名称で発展した。背景について、経営社会学者の石坂巖（一九二一～二〇〇六）は、『経営社会学の系譜』でつぎのように説く。

「経営社会学は一九二〇年代末期から三〇年代始めにかけて、つまり資本主義の相対的安定期の末期から危機の始まる時代に成立した。……巨大企業がすでに出現し、ベルトコンベヤー装置は急速に工業部門に拡がり、オートメーションの言葉もしきりに使用されていた。経営社会学はまさしく、このような資本主義工業化の進展とともに生じた。つまり機械化大量生産、大規模経営組織の発展が、資本主義的賃労働関係の下に強力に促進され、その結果、発生した、職業労働意識の〈不朽化〉こそ、経営社会学形成の現実的契機であった。」

つまり、経営社会学は大企業の出現時期に成立した。そのことに着目すべきである。それまで、人の手作業や簡単な器械に依拠した労働過程が、大企業の下で合理化（機械化）され、結果、働く人たちの労働意識が変化した。特に、ドイツと比べ手工業の伝統が少なく、早期に機械化と大企業体制が成立した米国では、無人の野を行くように機械化が進行した。オートメーションによる労働関係の変化と大企業組織の成立は、密接に関係し、その後、中小企業でもオートメーションは普及していった。大企業と中小企業で労働環境や労働意識は、どのように異なるのか。もっぱら大企業を分析対象とした経営社会学では、この点は明らかではない。

社会学者の尾高邦雄（一九〇八〜九三）は『産業社会学講座―日本的経営の革新―』で、米国と欧州の「経営に関する社会学」の相違を重視した。尾高は、米国流の特徴を第二次大戦後の新興科学＝「社会学の立場から産業上の諸問題を経験的に研究する独立科学」とみた。要するに、米国流の産業社会学は、プラグマティズム的発想からきており、理論偏重の欧州流の経営社会学とは異なる。その研究対象は、中小企業の視点から整理すれば、大別してつぎの三つの具体的領域であった。

第一領域「産業組織の下における労働者生活」――大企業と中小企業では、働く人たちの生活は大きく異なるのかどうか。

第二領域「企業における経営者と従業員の関係、ラインとスタッフの関係、本社従業員と事業所の関係、監督者と現場従業員の関係、顧客と従業員の関係、消費者とユーザーとの関係、大企業と下請企業の関係、労働組合と企業の関係」等々――企業規模により、経営者と従業員の関係や組織感覚は異なるのかどうか。

第三領域「産業組織と産業関係のいっさいをふくむ『産業』と、それが存在している地域社会、都市、国家、国際社会のような『社会』とのあいだの関連のあり方、およびこの両者――産業と社会――に同時に属する労働者の生活と行動様式」――企業規模に関わりなく、従業員は会社の一員であると同時に、地域社会の一員であることへの再確認。

これら三領域の共通点は、働く人たちを単に経済上の構成単位ではなく、社会生活との関連でもとらえる点にある。分析対象には、営利組織体である企業の内部組織だけではなく、経営者の社会意識、経営組織体と外部社会との関係も含まれる。第二領域で「大企業と下請企業の関係」が対象となるのは、大企業の発注方針が下請型中小企業には影響を及ぼすからだ。第三領域は、日本の中小企業研究では、従来からの分析領域である。日本の中小企業研究はつねに経営社会学的であった。

経営者は経済的合理性だけで生きてはいない。その社会意識が経営に反映する。企業の営利行動は社会全体との関連性からもとらえる必要がある。日本でも、公害問題が深刻な時期や精神疾患が問題となった時期に、経営者の経営感覚だけでなく、環境への社会意識が問題視された。この時期に、日本で経営社会学の著作が多く刊行されたのは、偶然ではない。未来への展望は、単なる経営の技術的側面の延長からは拓けてこない。経営社会学的想像力が必要だ。

2　経営社会学の重要事項であった機械化・自動化は進展し、現在では、自動化や人工知能が労働現場へ応用される。そのような労働環境は、すべての人たちに快適ではない。精神疾患の増加に伴い、働き方が問題視される。自動化による単調労働、数字偏重の経営姿勢など課題も多い。尾高たちが人間遡求的視点を重視したのもそのためだ。

当時、経営社会学者は労働環境改善のために、西ドイツの経営協議会(*)を理想化した。それは、労働組合間の連合・連帯が弱く、企業内組合が中心の日本企業への隠れた現状批判でもあった。現在は、大企業内の組合活動もさりながら、横の連携もさらに弱くなった。日本社会は後を絶たない賃金未払いのサービス残業、過労死などの問題に苦しむ。この社会的文脈において、経営社会学の再構築が必要である。

＊経営協議会――第一次大戦後の一九二〇年に、ドイツのワイマール体制の下で、ワイマール憲法第一六五条に基づいて、労働者二〇人以上を雇用する企業においては労働者の経営参加を認める経営協議会を設置する法律が公布された。これが労働者の企業経営参加を認めた世界で最初の法律と組織である。第二次大戦後、同法は一九五一年の「共同決定法」と翌年の「経営組織法」に継承された。「共同決定法」では、労働者の代表が経営者とともに、監査役会などの企業経営の決定機関に参加できる権利が認められた。なお、「経営組織法」は一九七二年に、「共同決定法」は一九七六年に改正されている。

中小企業の場合、労働組合の組織率は高くはない。労働現場の改善を左右するのは、中小企業の組織的あり方＝経営者の意識である。その現状分析には、経営社会学的な視点が必要である。とはいえ、労働市場も労働環境も、かつて経営社会学が登場した当時と今は異なる。単なる中小企業の内部組織の分析だけではなく、取引関係を通じて影響を及ぼす大企業の行動にも目配りする必要がある。大企業の行動分析も、中小企業研究にとって不可欠である。

従来、中小企業の労働市場は、新規学卒一括採用と長期雇用を特徴とする大企業と同一ではない。大企業でも内部労働市場が縮小し、派遣やパート、アルバイトなど非正規職の雇用率が高まった。雇用形態の多様化である。

そうしたなかで、経営社会学は経営組織内での労働意識をもっぱら重視してきたが、経営者の経営意識も注視しておく必要がある。とりわけ、所有と経営が一体化した中小企業では、経営者の経営意識や社会意識が直接的にマネジメントや労働環境に影響を及ぼす。また、後継の経営者の登場――血縁者が多いが――が、日常的な経営のみならず、その後の経営スタイルを左右する。中小企業研究においては、創業者や後継者たちの意識分析も重視されねばならない。

中小企業の誕生論

中小企業ではオーナーシップが強い。命運は経営者の資質に依る。親・子・孫三代にわたる血縁経営も多く、親から子、子から孫へと伝わってきた暗黙知のような経営哲学も幅を利かす。初代経営者＝創業者の考え方が、その後も影響を及ぼすことには、良い面と悪い面がある。変えるべきは変え、変えざるべきは変えない。これが出来ず、苦境になり、二代目で潰えた事業もある。他方で、十数代と代替わりして生き抜いた老舗企業もある。家族経営の中小企業にとって、事業承継は最大関心事である。三代目ともなれば、初代の経営意識を直接知ることはできない。ときに社史が参考になる。中小企業の場合、社史をもつ企業はまことに少ないが、中小企業でも中堅企業あたりに達したころに社史が組まれる。残念ながら、大企業と比べて数は多くはないが、社史から、その企業の成長過程を遡ることができる。

どの企業にも創業者がいて、創業時期があった。創業時期で、「戦前創業」と「戦後創業」の二類型に分けられる。(*) さらに、敗戦後「戦前との継続性を維持できた」企業と、人材など経営資源の喪失で「戦前との継続性を失い、異なる事業分野で再スタートした」企業、また、それまで企業経営の経験を全くもたず、戦後、素人同然から新たに企業経営に乗り出したケースに区分できる。

＊第二次大戦終結からすでに七〇年以上が経過した。「戦前・戦後」の時代区分のほかに、占領政策終了「以前と以後」、あるいは高度成長期「以前と以後」などの時代区分も可能である。とはいえ、戦時体制下の企業整備令により、企業規模に関わりなく、日本企業のほとんどが整理再編を迫られたことを振り返ると、この時代区分は現在でも分析上有効である。戦前と戦後の関係性は、その後の企業発展にも大きな影響を与え続けたからだ。

以上のことをまとめておく。

類型（一）「戦前創業」企業→〈戦前継承型〉

類型（二）「戦後創業」企業→〈新規創業型〉と〈実質継承型〉

（二）は、戦時体制下の統制や経営者・従業員の応召などで事業が継続できなかったが、敗戦後に復員した経営者や従業業たちが同一、あるいは、ほぼ同一の事業分野で再開した企業群である。（二）のうち、〈新規創業型〉は全く新しく創業された企業群である。〈実質継承型〉とは異なる事業分野で、経営者がかつての事業経験を生かして創業した企業群である。

他方、取引関係から、「独立型」と「下請型」の類型化も可能である。

（ア）「独立型」の維持――取引先の消滅で、従来の取引を再開できず、新たに取引先を開拓し独立を維持した企業群。

（イ）「独立型」へ転換――納入先の消滅で、従来の下請取引関係の継承が困難となり、下請型から独立型へと転換した企業群。

（ウ）「下請型」の継続――下請取引を継続した企業群と、新たに下請先を開拓した企業群（独立型からの転換企業も含む）。

このような類型で、現実の中小企業のすべてを分類することはできない。だが、類型化で、中小企業の存立基盤などを理解しやすい。中小企業にはそれぞれの物語がある。この種の経緯は、個別企業の創業者への聞き取り調査結果のほか、社史も大いに参考になる。社史では、多くの個別事例に接することができる。創業に至った経緯、その後の悪戦苦闘の歩みなどが記載される、二五～三五年史あたりの社史は、中小企業研究で参考になる。

中小企業イメージ

1　中小企業のイメージは、各国で異なる。ベンチャービジネス興隆のイメージが強い米国では、中小企業（スモールビジネス）はどのような社会的存在なのか。経営史家マンセル・ブラックフォード（一九四四〜）は、「米国中小企業の歴史を包括的かつ年代的に説明」した『アメリカ中小企業経営史』（川辺信雄訳）で、米国中小企業について、つぎのような着目点を示す。

（一）「経営戦略」――米国ビジネス・システムの下で、中小企業はどのような経営戦略をとってきたのか。

（二）「制度的発展」――米国ビジネス・システムの下で、中小企業はどのように発展したのか。

（三）「一般大衆の態度」と「公共政策」――平均的米国人にとって中小企業はどのような存在（＝イメージ）であり、どのような態度で中小企業に接するのか。また、政府は中小企業をどのように支援してきたのか。

ここでいう「米国ビジネス・システム」とは、米国のビジネス文化である。すなわち、企業成長を是とする大企業（ビッグビジネス）への愛憎入り混じった経済文化である。スモールビジネスを独立自尊的成功＝「アメリカン・ドリーム」の象徴とみなす一方、経済的大成功の象徴であるビッグビジネスへの憧れもある。ビッグビジネスとスモールビジネスは、米国ビジネス文化の裏表を為す。

一九世紀後半までの、米国ビジネス社会での成功とは、雇われる身から独立して、地域社会で顔の知られるスモールビジネスのオーナーとなることであった。この物語は移民社会＝米国社会における成功神話であり、現在も健在だ。しかし、交通・通信網の発達で巨大な国内市場が成立し、ビッグビジネスが誕生した。大量生産体制のスモールビジネスの一群が競争に打ち勝ち、ビッグビジネスへと急成長した。この時期以降、ビッグビジネスが米国経済のシンボルとなった。結果、米国社会にとってのスモールビジネス像は変化した。その変化を単純化すると、〈個人創業のビジネス〉→〈地域での小さな成功を達成しうる事業〉→〈ビッグビジネスとの競争の下での、生き残り〉→〈自分の生存領域＝ニッチを確保するビジネス、あるいはベンチャービジネス〉。

スモールビジネスは、いまでも地域社会での独立自尊の経済的成功＝アメリカン・ドリームのシンボルである。さらに、市場で厳しい競争を迫る大企業体制への対抗シンボルでもあり、スモールビジネスの存在は重視される。結果、大企業体制への緩和策として中小企業政策が、認知された。これは米国の中小企業政策思想史の流れである。移民社会＝米国社会において、スモールビジネスは大企業＝ビッグビジネス＝白人社会に対するサブカルチャー的シンボルでもある。移民、少数民族や女性にとって、いまもスモールビジネスは経済的成功の実現のシンボルである。

ただし、こうした大企業観と中小企業観が、レーガン政権の一九八〇年代以降、大きな変化を見せてきた。一つの原因は米国大企業の世界展開と製造業の空洞化である。米国社会で社会階層間の経済的分断が顕著になった結果、地域経済を支えるスモールビジネスへの期待が高まった。米国社会でのベンチャービジネス論の興隆も、こうした時代の変化の下で理解しておく必要がある。一九九〇年代半ばに書かれた前掲書で、ブラックフォードは一九九〇年代以降の米国中小企業の現実像をつぎのように展望した。

「一九九〇年代の幕が明けたとき、中小企業はアメリカ人の生活舞台のまさに重要な部分として留まっていたし、……中小企業はいくつかの部門、とりわけ製造部門において、ある程度の再生を遂げつつあった。かつて何人かの専門家の熱狂的な発言が指摘したほどには、この国の雇用状況に大きな貢献をした訳ではないが、それでも中小企業はアメリカの新規雇用のかなりの部分を創出した。革新の源泉としても中小企業は依然として重要であり、とくに新しい製法や製品の商業化においてそうであった。……中小企業の世界は依然として複雑さを抱えており、安易な一般論を許さない。」（川辺信雄訳）

スモールビジネスをアメリカン・ドリームのシンボルに置き換えること。それは「安易な一般論」だと述べている。どういうことか。

ブラックフォードの中小企業経営観は、中小企業は巨大企業の事業分野の周辺分野へ既に押しやられたという認識に基づく。つまり、中小企業の生きる道は、大企業が手をつけていない新しい技術分野や製品分野であるというのだ。一言でいえば、「ニッチ経営論」である。ただし、彼の考察対象は、米国東海岸や中西部の中小企業の歩みであった。彼は一九九〇年代半ば以降のカリフォルニア州など東海岸地域の興隆と、それを支えた急成長企業の存在を意識していない。

2

私たちは、理想の経済モデルとして米国を引き合いに出す。ただし、米国内にも多様性がある。たしかに、中小企業について安易な一般論は許されない。ブラックフォードの考察対象が、カリフォルニア州のシリコンバレーの新興企業群を選んでいれば、米国ベンチャービジネス史論を展開していただろう。

米国東部と西部の中小企業の相違は、両地域の社会的価値観の相違でもある。この点について、ジャーナリストであり、東部から西部へと移り起業家となったデボラ・ペリー・ピシオーニは、『シリコンバレーの秘密―世界のイノベーション首都からだれでも学べること―』（桃井緑美子訳『シリコンバレー最強の仕組み―人も企業も、なぜありえないスピードで成長するのか？―』）で、東西のビジネス観の相違にカルチャーショックを受けた、自らの経験を語る。

ピシオーニは、カリフォルニア州の社会風土について、「シリコンバレーは実力主義の文化で、独創的なアイデアや人まねでない発想や自信が報われる。若さ、失敗、透明性を大切にする文化」と指摘する。彼女はジャーナリスト経験者らしくシリコンバレーの多くの起業家たちにインタビューを重ね、米国の新中小企業観をつぎのように提示してみせる。彼女の見方はブラックフォードの説くビッグビジネスを生み出す米国ビジネス・システムに対して、スモールビジネスを生み出すもう一つの米国ビジネス・システム論である。

(一) 生まれたばかりの小さなビジネスを短期間で成長させるシステム――「誰でも経費をかけずに小規模なビジネスをスタートさせて維持し、短期間で世の中を一変させるような事業に育て上げることができる」。こうした成長物語は、インターネットの普及によっても可能になった。

(二) 失敗とやり直しが可能であること。リスク許容の高い西部のビジネス文化では、「起業家はオープンで協力的な環境で活動し、自分が本当に取り組んでいるものをそっと隠しておくことはめったにない」。

(三) (二) と多少重なるが、起業を支援する助言者、投資家、知人・友人の広範な支援ネットワークが存在する。

(四) 世界中から学生たちを惹きつけるスタンフォード大学など優れた学術機関が存在する。

(一) のインターネット社会には、利点もあれば欠点もあるが、利点の一つは、多様な取引関係の構築がインターネット普及により、中小企業でも容易になったことだ。インターネットは、公共財的な役割を果たす。小企業でも容易に遠隔地の取引先を開拓でき、結果、創業間もない無名企業が多くの消費者を引きつけ、急成長する事例も出てきた。同時に、競争相手も狭い地域から世界に広がった。また、インターネットなど情報通信技術（ICT Information and Communication Technology）分野の開発に関わる多くのハイテク・スモールビジネス＝ベンチャービジネスが生まれ、短期間で世界的企業へと成長を遂げるケースもでてきた。

一九九四年創業のアマゾン、一九九八年創業のグーグルなどはそうした事例である。アマゾンやグーグルは従来のビジネス・スタイルに大きな影響を与え、大企業だけでなく中小商業の存立そのものを揺さぶった。ピシオーニは、生まれたばかりの小企業でも、カリフォルニア州では急成長できることを強調した一方で、急成長企業が従来の小企業の存立基盤を崩したことへは無関心だ。私たちは、圧倒的多数派を形成するスモールビジネスよりも、短期間に急成長を遂げたベンチャービジネスの稀有な成功例に着目しがちだ。ビジネス関連の報道記事も、日々の何気ない日常生活を支える小企業の地道な活動には関心を示さない。記者たちは、新しい製品やサービスを生み出し、多くの人たちに雇用の機会を提供する若い企業を取り上げがちだ。企業経営の実態にふれることが少ない人たちにとっては、そのような記事のニュース性が高い。

だが、日本の大勢の若者と同様に、米国の若者のすべてが起業家を目指してはいない。たしかに、米国のビジネス系大学や大学院の起業プログラムは、日本よりは実践的な意味で充実しており、ビジネスプランなどの作成指導も行われる。しかし、カリキュラムが整備されれば、ビル・ゲイツやスティーブ・ジョブズのような起業家が団体旅行に参加するように大量輩出されるわけではない。皮肉なことに、両氏とも大学教育を途中で放棄している。個人スポーツの世界でスーパーアスリートのみが活躍できるのと同じで、両氏の例外的な成功を日常的な成功に変えることは難しい。ましてや、米国の大学　大学院のカリキュラムや、地域ベンチャーファンド制度を日本でコピーしても、世界の注目を浴びる起業家を生み出せるかは、全く疑問である。

多くの地域が取り組むべきは、ビジネスの新規性や革新性などを追わず、まずは模倣や二番煎じの事業について日々の地道な経験を蓄積し、その後に、一つでも二つでも新規性を加えようとする人たちへの支援である。野球でいえば、目指すべきは一人か二人のホームランバッターを有するよりも、アベレージヒッターを多く並べたチームであろう。

3

ベンチャーのなかのベンチャーゆえに、アマゾンなどは注目されてきた。特に、それまでの経済社会システムへのアマゾンの影響は大きく、ネット通販の可能性を押し広げ、大型店舗チェイン展開の大企業だけでなく、町の小さな商店へも影響を及ぼした。物流業界のあり方も変えた。さらにアマゾンは、ネット購買で膨大な顧客情報を集め、ビッグデータとして活用する新たなビジネスモデルのインフラを手に入れた。同様に、検索サイトのグーグルのもつデータも膨大である。その活用によって、新しいビジネスモデルが生まれる可能性もある。

米国政治学会の元会長で政治社会学者シーモアズ・リプセット（一九二二〜二〇〇六）は、世界が真似できない二つの国家のかたちを挙げている。その一つは米国で「例外的存在」、もう一つが日本で「ユニークな存在」である。ならば、米国社会とは異なる日本社会で、米国型ベンチャービジネスが生まれることは期待薄ではないだろうか。(*)楽天のようなケースもあるが、それよりは、一つでも二つでも製品やサービスの新規性を開拓できる中小企業がより現実的な姿である。

＊新規技術などの一定部分が、米国では政府資金主導の軍事技術開発から生まれている。そこからの、技術や人材のスピンオフが米国型ベンチャービジネスを生んでいることを、日本人はきちんと把握しておかねばならない。

アマゾンと同様に、楽天も小さなスタートアップから短期間で大規模ビジネスを展開する企業へと進化した。日本でも、情報通信技術の発達は、従来とは異なるネット社会をもたらし、日本社会のあり方を変えた。ネット社会は、顔を直接合わせる社会――アナログ社会――の持つ距離と空間を、一瞬にして超え、顔の見えないデジタル社会を作り出してきた。このことはネット通販といったビジネスのスタイルだけではなく、町工場など製造業の現場にも大きな影響を及ぼす。小関智弘は、『町工場巡礼の旅』で、シリコンバレー興隆の一九九〇年代からの一〇年間の町工場の姿を「町工場の旋盤の前に立った自分の目の高さで見続けて、記録してきた」。小関は、東京都大田区蒲田などの町工場の変化について、「とりわけ、この十年間は、町工場にとって受難の連続であった。戦後、何回もの不景気をくぐり抜けた町工場ではあるが、こんどばかりはすこしちがう」とも指摘する。
デジタル技術と情報通信技術のマトリックス的組み合わせの時代の下で、町工場の製造過程も変わってきた。町工場の光景もいまではずいぶんと異なる。しかし、変化することで、職人の技術や技能など変化せず、デジタル化が困難な存立基盤の強さも明示化されるにちがいない。

中小企業の実虚像

一九八〇年代後半から、日本の製造業の空洞化――アジアなどへの海外展開――は加速化した。この現象はアジア諸国の工業化=グローバル化だけでは説明できない。流れを加速化させたのは、デジタル技術と情報通信技術の複合化である。中小企業の進むべき途は決して単線ではなくなった。その際に、経済構造の面だけではなく、その社会的役割や政治的役割も注目しておく必要がある。

グローバル化で象徴される経済は、閉ざされた市場を互いに結び付け、生産・物流の単位は一挙にスケールアップした。これに対応しえたのは多国籍化した巨大企業であり、その価格競争力は一層強くなった。結果、ローカルな中小企業の生存領域が縮小したケースも出てきた。中小企業の存立領域がビッグビジネスによって狭められながらも、中小企業の新たな事業領域の拡大とみる楽観的な見方のピシオーニのような人物もいる。中小企業にとっての展望は、今後もこのような構図が展開するのかどうかの点に関わる。

グローバル化は、ローカルな諸関係を時には陳腐化し破壊し、時には拡張させ、その再編を促した。グローバル化は私たちの生活を豊かにした半面、弊害ももたらし、そのコストを社会に負担させてきた。何千キロも遠くから輸送された諸商品の価格が、近くの生産者によって提供される同種の商品の価格よりはるかに安い実態をどのようにとらえるのか。そこには働くことと生活することが分離されたグローバル化した世界がある。

グローバル化世界は、ローカル社会の再構築を迫る。グローバルな存在を象徴する大企業に対して、ローカルな存在の象徴である中小企業の存在をどのように支持・支援していくのか。だれにとっても大事な課題なのである。中小企業の存立分野や存立基盤を考え続けることは、私たちの今後のあり方を一方でグローバル化の下で、他方でローカルの地で探ることでもある。

個人も企業という組織体も、目的志向的な存在である。その方向性を決定づけるのは、理想的な人物、理想的な企業像である。たとえ、それが虚像であっても、それを実像に近づけたい思いを人は抱き、その集合体である企業も共有できる。

当然ながら、中小企業経営者は、ローカルの地でしっかりと経営基盤を見つめる必要がある。自らの理想像を求めてやまない逞しい想像力の先に、将来への展望は拓かれてくるものだ。

第二章　中小企業と創業者

ビジネスとは金銭ではなく、関係性のことだ。
（ジュディー・ウィックス、*Good Morning Beautiful Business*）

中企業、小企業、零細企業と、中小企業には三層ある。数では、零細企業が多数を占める。小さな組織では、創業者が所有者であり、経営者である。どんな企業であろうと、創業へと至るまでに多様・多彩な個人史がある。人は金銭的動機だけで創業するわけではないが、もちろん金銭的必要性から創業した人だっている。なにごともステレオタイプで決めつけるのはよくない。創業には創業者を取り巻くさまざまな関係性があった。創業者の諸系譜論は関係性論でもある。社史を通じて中小企業の諸系譜を探る。

労働市場と創業者

1　一九八〇年代初頭、ベンチャー企業研究者の中村秀一郎（一九二三〜二〇〇七）や清成忠男（一九三三〜）、地場産業型中小企業の調査に従事してきた山崎充（一九三四〜九三）たちが「中小企業の再評価のために」というシンポジウムで、興味深い問題提起を行っている（中村秀一郎・秋谷重男・清成忠男・山崎充・坂東輝夫『現代日本中小企業史』日本経済新聞社、一九八一年）。清成は日本の中小企業経営者の出自について、つぎのような発言をしている。

「以前から必ずしも的確に説明されていないのは、『なぜ日本の中小企業労働者は経営者になりたがるのか』ということだ。これは世界でも例をみない。日本に非常に近い形でスタート・アップが多いのは米国だが、米国でもそれは減ってきている。日本では高い水準の人材が広く分布するような形が独立意欲を強めており、客観的には社会的分業のチャンスがあるから独立しやすい。そういう意味で、すそ野が広くて水準が高いということが、社会的分業の可能性を客観的に示すから独立が進むということだろう。」

社会的分業とは、自営業者として独立して取引先と対等な関係を構築することを示唆する。清成はそのような独立可能性の重要性を強調する。「職人が独立を夢見るということから仕事意識が非常に高い。だから仕事を覚えるスピードが早いし、自己形成的に覚えて独立する。またあちこちと渡り歩いて仕事を覚えていくから、技術が高いところに平準化していく。技術がいつも高い方に平準化していくという社会的な現象がある。これが日本の裾野を益々高める」と。

新聞記者の坂東輝夫はこのメカニズムが日本的なものかどうかを清成に問う。清成は、職人の独立志向が日本独特であるとみた。彼は、日本の中小企業の技術が高まってきたのは、このメカニズムが効果的に働き、自営業者の技術力を高めたためととらえた。

さらに清成は、「この仕組みがなくなったら、これから大変なことになる。日本では〝食えないから独立する〟というような話があり、〝それは二重構造の復活・再生だ〟といった議論にすぐなるが、米国、英国、ドイツではむしろこういうことが大切だというようになった。そういう意味で、日本を見る目もどんどんと変わってきて、それが逆にわれわれ自身が日本の中小企業を評価することとつながってきている」と述べている。出席者はいずれも清成の見方に肯定的であった。中村は「独立する人たちは、独立しない人より創意工夫があり、ヤル気をだすのは当然のこと」と応じ、山崎は地場産業で成功した経営者は番頭から独立した人たちであると強調する。清成はドイツとの比較で、日本の職人はドイツのマイスターとは異なり、経営者への上昇志向が強いと持論を開陳した。職人たちが次々と独立して自らの事業を展開すれば、まちがいなく日本経済の活性化につながる。高度成長期には職人のそのような独立メカニズムが働いた。

現在も、清成の指摘が有効性をもつかどうかは検証が必要である。日本では、従業員によるマネジメント・バイアウトは例外的に少なく、その分、自らが創業に踏み切る独立ケースの方が多かった。その後、日本で開業率は低下したのは、何故なのか。背景に、独立後の成功の鍵を握る技術向上の機会が相対的に低下してきた可能性もある。

日本の開業時の平均年齢は、日本政策金融公庫総合研究所編『新規開業白書』（二〇一七年版）によれば(*)、平成三［一九九一］年三八・九歳→平成一三［二〇〇一］年四一・八歳→平成二三［二〇一一］年四二・〇歳→平成二八［二〇一六］年四二・五歳へと推移してきている。開業年齢が上がった背景には、日本の総人口が横ばいから減少傾向へと移行したことがある。生産年齢人口（一五～六四歳）の割合も着実に低下している。また、進学率の上昇で、学校への帰属期間が長くなり、卒業後に実務を経験してからとなると、開業に踏み切る年齢は自然に上がってくる。

＊同白書は、日本政策金融公庫の前身の一つであった、国民金融公庫時代の平成四［一九九二］年から現在にいたるまで、融資先企業のうち、融資時点で開業後一年以内の企業（開業前の企業を含む）へのアンケート調査の結果をまとめたものである。開業時年齢のほかにも、性別、最終学歴、開業前職歴、離職理由などの調査が行われている。性別では初回調査では男性が八七・六％であったのが、二〇一六年では男性が八一・八％、女性が一八・二％となっている。最終学歴では進学率の上昇を反映して、大学・大学院卒が上昇傾向にある。職歴では正社員の割合が最も高いが、非正規職員の割合が漸増傾向にある。離職理由については、「自らの意志による退職」が圧倒的な割合を占めるものの、「倒産先の倒産・廃業」という理由もある。この場合は明らかに景気の波を反映するかたちとなっている。開業後の経営課題に関しては、いま

もむかしも、資金と販路開拓に苦労する経営者が多い。

既存組織から独立して創業へ踏み切るにはそれなりのリスクがある。失うものが増える年齢層になれば、なおさら慎重になろう。四〇歳代前半の年齢層の人たちは、創業によって生涯所得でどれほどのプラスが得られるかを計算して当然である。もちろん、独立には機会費用面(*)での金銭的動機だけではなく、働き甲斐や自己実現を費用勘定に取り込む。

＊一般に、機会費用とは、所与の同じ条件下——たとえば、年齢や所得水準なども含め——で、最善と思われる機会を選択した場合に、選択しなかった機会のなかの最善と思われる価値のことである。開業という選択肢でいえば、既存組織に残り続けた場合の生涯所得と開業によって得られる生涯収入との差が決定要因となる。

人生の選択は一筋縄ではいかない。独立開業か既存組織に留まるか。この機会費用計算は、一定の前提に基づくが、倒産や事業縮小など想定外の事が起こる。早い時期に開業準備にかかり、独立に踏み切った方がよかった場合もある。その逆に、独立に踏み切ったものの、収入がさほど伸びず、前職の同僚たちと生涯所得面で大きな差が生じる場合もあろう。しかしこの場合でも、収入が少ないものの、より自由な時間に恵まれストレスの少ない生活に満足感を覚える人たちだっている。百人の創業者がいれば、百通りの創業物語がある。

2　自営業の生まれるメカニズムを確認する。

事業は、一人や二人あたりの取り組みから創始されるのが普通である。独立の第一歩は自営業的開業である。『自営業者論』では、社会学者の原純輔と盛山和夫の研究がある。原たちは『社会階層―豊かさの中の不平等―』で、一九七〇年代半ばの社会移動データから、日本での自営業の開業メカニズムを明らかにしている。そのなかで、原たちは自営業者の供給源として、自営ホワイトカラー層、自営ブルーカラー層、専門職層の三つの職業キャリアを指摘した。

（一）「自営ホワイトカラー層」――大企業に勤務するホワイトカラー層、中小企業に勤務するホワイトカラー層。

（二）「自営ブルーカラー層」――中小企業に勤務する熟練ブルーカラー層、中小企業に勤務する半熟練・未熟練ブルーカラー層、農業者（ただし、現在では少数派である）。

（三）「専門職層」――大企業に勤務するホワイトカラー層、中小企業に勤務するホワイトカラー層。

原たちは、職業キャリア間の移動を、最終的職業への到達過程からとらえた。たとえば、中小企業の勤務者については、「職業的キャリアの流れの中で、一種の中継地となっている」とみた。要するに、キャリア論からすれば、大企業への就職が最終目標なのである。この傾向は、いまも大学生たちの平均的な就職意識である。大企業の専門職やブルーカラー職は、公務員職は別として、すでに到達的職業（＝目標）である。

実際、（一）の大企業に勤務するホワイトカラー層からの移動は少ない。大企業に勤務するホワイトカラー層では「他の職業へ移動しなくとも相対的に高い威信や収入を享受することが可能であるとともに、職業生活以前における特別の教育・訓練を必要とし、職業的キャリアの途中での流入が困難」なのだ。「相対的に高い威信や収入を享受できる」大企業に一旦就職すれば、自ら退職して中小企業へ移動、あるいは自営業を起こすメリットやインセンティブは弱い。大企業への就職チャンスは、新規学卒後の一時期だけである。その後は、中途定期一括採用というかたちで就職の扉が開かれることもあるが、いつもではない。大企業就職への扉は逆止弁のようである。出る――退職――のは自由だが、入る――就職――には制限がある。

この傾向は、前掲『新規開業白書』の長期データともほぼ一致する。現在でも、日本では二〇人未満の小企業から自営業への移行が多い。

また、「職業生活以前における特別の教育・訓練を必要とし、職業的キャリアの途中での流入が困難」という点は、日本の労働市場の特徴である。日本は、学校卒業時にのみ入社機会が与えられる、世界でも特殊な労働市場である。すなわち、日本人の職業機会は、初職時点でその後のキャリアパスが決定されやすい。大企業への中途入社の機会があっても、一般には、先端技術分野の専門家と非正規雇用職などに限られる。技術者に限らず、トップ経営者の企業間移動がある米国企業などと比べ、日本の内部労働市場は未だに強固である。大企業内の職種間の移動も、ブルーカラー職からホワイトカラー職への移動は日本では多くはない。また、大企業のブルーカラー職から自営業への移動率も高くはない。

原たちは年齢別分析も行っている。移動率が最も高いのは、二五歳までで其の後、減少し、四〇歳から五〇歳までが最低となる。五〇歳を超えた頃に、移動率は再度高まるが、それは本社の中間管理職ポストの確保のため、役職定年者を関連会社へ出向させたり配置転換するためである。役職定年層が自ら他企業にスピンオフするケースが多いわけではない。

原たちの分析によれば、中小企業勤務者の移動率は大企業よりは高い。また、「職業的キャリアが親の地位によって決まる」かどうかについては、「二世の存在が目立つからといって、日本社会の全般にわたって出身家庭の諸要因が職業的キャリアを決定しているとはいえない。実は、出身家庭は学歴や初めて就業するときの職業には大きく影響するが、その後の職業的キャリアには、むしろ労働市場の構造が決定的に重要なのである」としている。

原たちの分析の対象時期は、一九七〇年代半ばまでである。当時は、新規学卒者の場合、学校を通じての求人・求職マッチングが主流であった。新規学卒一括採用の比重が増すにしたがって、大学などへの進学率は上昇し、就職にあたっては、学校歴が大きな鍵を握った。

初職には、ピエール・ブルデューのいう文化資本(*)の形成が大きな影響を及ぼす。父親の社会的地位――資力やそのネットワークも含め――が決定要因となる。威信の高い企業への初職獲得に有利な有名校への進学には、進学塾などの費用負担が可能な家庭環境が優位である。だが、原たちは、その後の転職などによる職業キャリアでは、文化資本的な影響は小さくなると結論づけた。

ところで、この種の分析結果にはいつも例外的な事例がある。大企業や中堅企業などで、「他人の飯を食う経験」が重視される跡継ぎ世代が、一定期間「修行」し、そのあとに、承継者となるため、それなりの役職者として父親がオーナーを務める会社に採用される。これは父親の社会的地位が影響を及ぼす例である。少ない例であるがゆえに、多くの若者にとっては無縁に近いケースである。

＊文化資本――フランスの社会学者ピエール・ブルデュー（一九三〇～二〇〇二）は、フランス社会の分析で、社会階層間にみられるハビトゥス――習慣など日常的な行動の特徴――の違いに着目した。ハビトゥスは教育などを通じて形成される文化資本である。文化資本とは、一定の社会階層の文化的教養＝個人的資産である。家族などの資産がなければ受けることのできない高等教育などもそうである。資本がその蓄積行動を通じてさらなる利潤を形成するように、高等教育による文化資本の取得によって社会的な地位が保障される。

3

中小企業はキャリアパスの中継地であり、大企業こそが最終的な到達地という見方を紹介したが、原たちの分析結果から半世紀近くが経過、日本社会での職業キャリアパスは変化したのか。

初職の労働市場での、大企業優位の現状は未だに揺らいではいない。その一方で、職業キャリアの概念は実質的に変化してきた。では、町工場や商店で働き、技術や技能を身につけ独立するキャリアはどうなったのか。

町工場や商店が生まれるメカニズムについて、学歴との関係できちんと分析を加えた研究は多くない(＊)。学歴信仰が根強い日本で、家庭の事情で上級学校へ進学のチャンスを失った若者たちにとって、町工場や商店での「修行」をへての独立開業は、かつて社会的上向のキャリアパスであり、職業人生上の重要な選択肢の一つであった。

＊現在でも、この問題についてデータなどを踏まえて取り上げた研究は、次の拙著を除いて類書は少ない。寺岡寛『中小企業の社会学―もうひとつの日本社会論―』信山社（二〇〇二年）、寺岡寛「中小企業と学歴構造―日本の学校教育と企業文化を考える―」『商工金融』四七巻一一号（一九九七年）一一月。

現在、一八歳世代の大学への進学率は漸増しており、同世代間の横並び意識のなかで、独立開業＝社会的上向の潜在意識は萎えてきている。ただし、高学歴者が名目的に増加した結果、学校歴が新たな学歴信仰を生み出している。他方で、雇用形態による生涯所得格差の拡大、社会階層の分断化が進んでいる。はたして将来、新たなかたちで独立開業意欲が高まるのだろうか。

必要とされる職業上のスキルが変わってきた一方で、人口の減少により市場は縮小した。人口増による事業拡大が望めない以上、従来は、創業が活発であった商業・サービス業でも参入には慎重になる。市場の縮小は創業意欲を萎えさせる。他方、高齢層のニーズが拡大する介護・福祉サービス業分野へは、現在のところ、参入が活発である。ただし、将来的に、総人口が減少する下で、事業の持続性には疑問が残る。

では、自営業を立ち上げ、成長を志向する社会層は変化したのか。たとえば、前述の（一）の大企業勤務のホワイトカラー層からの移動はどうか。大企業の行き詰まりや事業縮小の下、技術者などは専門知識を生かして専門サービス業などで創業しているのだろうか。実態は、一部のシニア層を除き、創業は低調である。創業後の生活安定への不安があるからだ。

シニア層でも、創業後に必要な知識や経験の蓄積は、それなりの職歴があっても短期間では困難だ。退職金などを投じるリスクもある。いずれにせよ、創業には準備期間を要する。急に退職を迫られ、すぐに創業とはいかない。それでも、若ければ、やり直しがきくが、シニア層では、人生設計上、得るものと失うものを天秤にかける。日本では、成功例が少ないことも大きい。ほかに、中小企業の専門職へと流れる動きもある。これも大都市の傾向であって、地方への人材循環は限定的である。

創業に関する参入障壁についてふれておく。参入障壁は、一般に資本障壁と技術障壁に大別できる。製造業での資本障壁は、貸し工場を借りる資金、機械設備の購入やリース契約に必要な資金、当座の原材料の購入資金などである。小売商業では、店舗を借りる資金に加えて内外装の工事費用、商品の購入資金、事務用機器などの購入資金である。技術障壁とは、たとえば、鉄工所の場合には金属加工に必要な知識、工作機械などを使っての加工技術などである。小売商業では接客や商品知識になろう。

しかし、現在では自動機器や情報機器が導入され、さらに人工知能の応用やモノのインターネット化

（Internet of Things）が進み、これまでの典型的な仕事を通じて身に付けた技術や技能の有効期間は短縮化した。従来のホワイトカラー職とブルーカラー職の境界線も曖昧なものになりつつある。

要するに、「働く」ことの意味が問われている。人口知能にとって代わられる定型的な仕事から非定形的な仕事の拡大へといっても、その内実は業種・業態で必ずしも同一ではない。労働形態でも、正規職と非正規職の区分ができない職種が確実に増えている。

こうしたなかで、創業率の低下が問題視されてきた。創業の今昔を振り返っておく。

創業者の諸系譜論

1　日本の中小企業研究には、大テーマがあった。「過小過多」――小さな企業が多すぎること――のメカニズムの解明であった。それが、いまでは、中小企業の数が減り（＊）、結果、中小企業研究は、「過小過少」――小さな企業も少なくなってしまったこと――メカニズムの解明へと移った。「過小過多」から「過小過少」への移行は、この間の産業や社会の構造変化を反映する。企業活動の動態分析上のポイントは、日本経済と中小企業の関係とその構造の理解に関わる。喫緊の政策課題が創業率の引上げであると言われる、創業メカニズムの解明研究も活発である。

＊総務省統計局『経済センサス統計』によると、中小企業数は、たとえば平成二一［二〇〇九］年から平成二六［二〇一四］年のわずか五年間で、全産業で三九・一万社、建設業で六・四万社、製造業で三・三万社、

運輸業・郵便業で〇・八万社、卸売業で一・四万社、小売業で一四・七万社、不動産・物品賃貸業で三・二万社、宿泊・飲食サービス業で六・〇万社、サービス業で四・五万社、とそれぞれ減少した。このなかで医療・福祉サービス業は一・六万社の増加となっている。

「中小企業」はどのようにして生まれたのか。この点に関して、経済学者の竹内常善は、創業者の社会的出自を強く意識した上で「中小企業史研究の課題と視角」で、「わが国の産業構造の底辺を支えてきた人間群像と、彼らによってになわれてきた経営、技術、技能、人間関係、市場問題などの複雑さと多様性、そして、そこに見られる強さと脆さ、勁さと歪み、成長と混迷、大胆と怯懦（きょうだ）、こうした矛盾に満ちた世界は、研究上の方法論的見直しの確立を課題とするわれわれ研究者にとっては、いささか厄介な代物である」と指摘する（竹内常善・阿部武司・沢井実編『近代日本における企業家の諸系譜』大阪大学出版会、一九九六年所収）。

竹内のように、一旦、厄介な研究上の方法論の是非を棚上げにして、個別ケースを丹念に分析するにしても、まずは、厄介な代物である一見矛盾に満ちた個別の創業物語を知る何らかの手立てが必要だ。それには、社史が参考になる。社史は大企業ばかりの印象があるが、大企業のものであっても、その中小企業時代の記述はある。残念ながら、中小企業で社史をもつところは少ないが、社史をもつ企業については、創業者の出自、創業経緯、その後の事業展開の大方を知れる。

社史以外では、中小企業の誕生物語は、個別調査報告書の口碑伝的な記述に頼るしかない。あるいは、自らが膝詰めで当事者から聞くしかないが、この機会は健在な経営者に限られる。

少し話がそれるが、公認会計士で数社の中小企業を立ち上げた経験をもつカナダ人のキングスレー・ウォードは、大病経験から、将来、起業家となる一五歳の息子へ自身のビジネス経験を手紙にして伝えた（キングスレー・ウォード（城山三郎訳）『ビジネスマンの父より息子への三〇通の手紙』新潮社、一九八七年）。ウォードは企業経営者がビジネス経験を書き残すことは稀であり、死により貴重な経験が消え去る無念を嘆き、最初の手紙をつぎのように送った。「自分で書くようになったからわかったことだが、人がこの世を去るときには、その人とともに、経験と大量の知識がむざむざ闇に吸いこまれてしまう。実業界で陥りやすい落とし穴について書くのにわたしより適格の人がこれまでもたくさんいたし、今もいるが、残念ながら書いていない」と。

創業者は、交代時期に跡継ぎへ自身の成功や失敗の経験・知見を伝えたいものだ。経営者交代時には、創業者の自叙伝的記念誌が刊行されたりもする。そうした著作にはミステリアスな体験記もある。かつてのトーマス・エジソン（一八四七〜一九三一）、いまではアップルのスティーブ・ジョブズ（一九五五〜二〇一一）など立志伝的人物の場合、自叙伝でなくとも関係本は多いが、市井の中小企業経営者には少ない。

さて、「社史」には、「〜年史」のタイトルのもの、創業者名が冠された「〜の歩み」、「〜言行録」など物語風社史もある。創業後の節目に何十年史というかたちでも、何度も社史が編纂・刊行される企

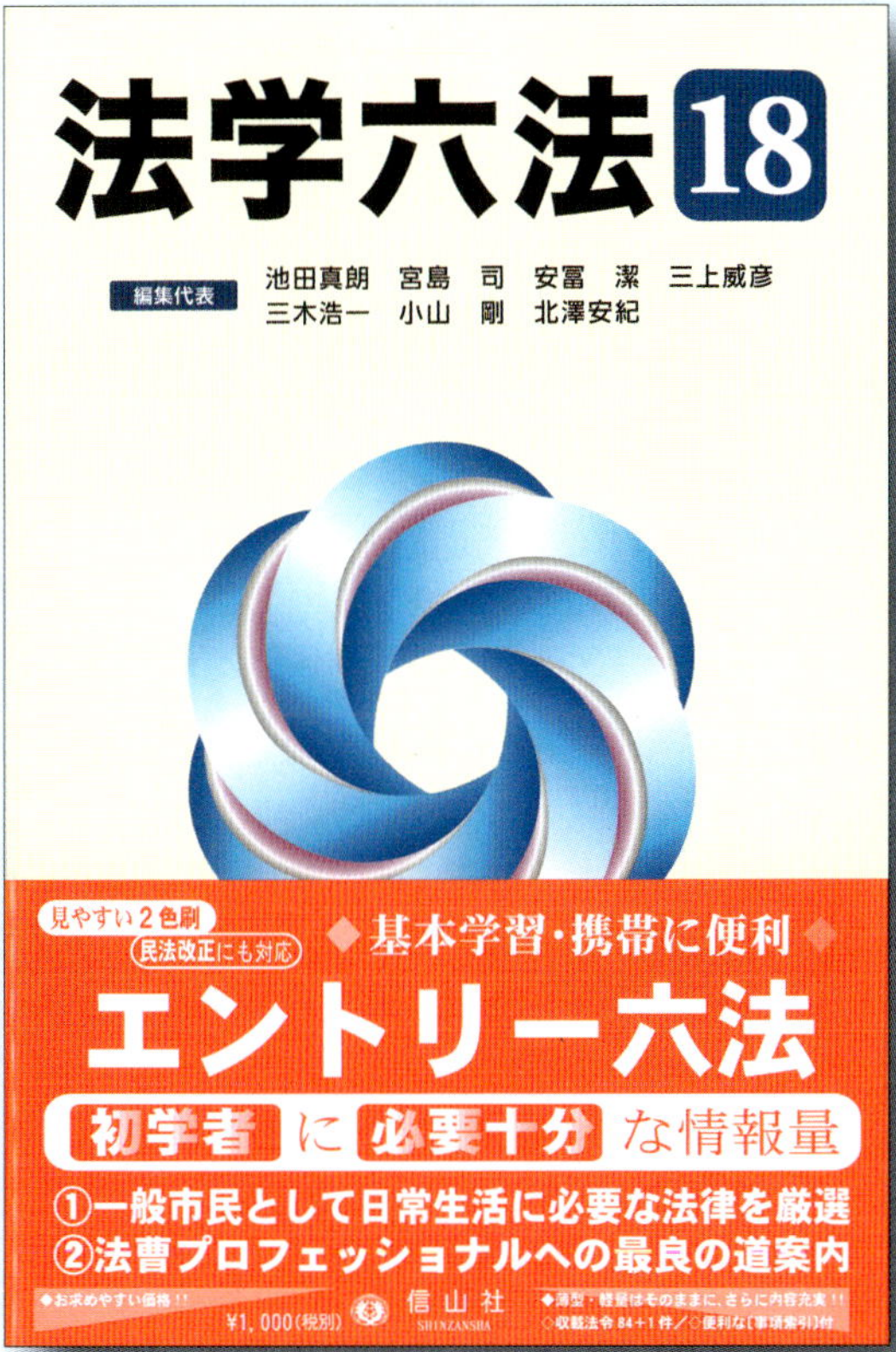
法学六法 18
編集代表
池田真朗 宮島 司 安冨 潔 三上威彦
三木浩一 小山 剛 北澤安紀
見やすい２色刷
民法改正にも対応
◆基本学習・携帯に便利◆
エントリー六法
初学者に必要十分な情報量
①一般市民として日常生活に必要な法律を厳選
②法曹プロフェッショナルへの最良の道案内
◆お求めやすい価格!!
¥1,000(税別)
信山社
SHINZANSHA
◆薄型・軽量はそのままに、さらに内容充実!!
◇収載法令 84+1 件／◇便利な[事項索引]付

四六・618 頁・並製　ISBN978-4-7972-5748-9

定価：本体 **1,000** 円＋税

18年度版は、「民法（債権関係）改正法」の他、「天皇の退位等に関する皇室典範特例法」「都市計画法」「ヘイトスピーチ解消法」「組織的犯罪処罰法」を新規に掲載、前年度掲載の法令についても、授業・学習に必要な条文を的確に調整して収載した最新版。

信山社　〒113-0033 東京都文京区本郷6-2-9
TEL:03(3818)1019 FAX:03(3811)3580

法律学の森

潮見佳男 著（京都大学大学院法学研究科 教授）

新債権総論 I

A5変・上製・906頁　7,000円（税別）　ISBN978-4-7972-8022-7　C3332

新法ベースのプロ向け債権総論体系書

2017年（平成29年）5月成立の債権法改正の立案にも参画した著者による体系書。旧著である『債権総論 I（第2版）』、『債権総論 II（第 3 版）』を全面的に見直し、旧法の下での理論と関連させつつ、新法の下での解釈論を掘り下げ、提示する。新法をもとに法律問題を処理していくプロフェッショナル（研究者・実務家）のための理論と体系を示す。前半にあたる本書では、第 1 編・契約と債権関係から第 4 編・債権の保全までを収める。

【目　次】

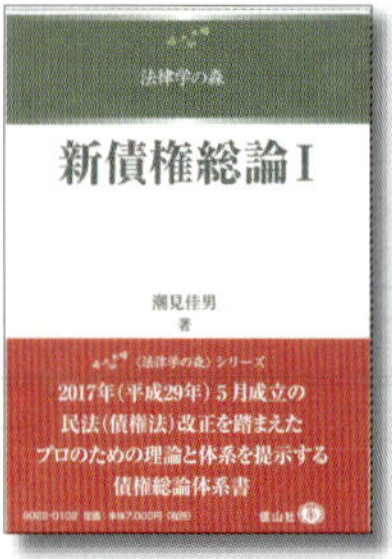

〈編者紹介〉
潮見佳男（しおみ・よしお）
1959 年　愛媛県生まれ
1981 年　京都大学法学部卒業
現　職　京都大学大学院法学研究科教授

新債権総論 II

A5変・上製　6,600円（税別）　ISBN978-4-7972-8023-4　C3332

1896 年（明治29年）の制定以来初の
民法（債権法）抜本改正

【新刊】
潮見佳男著『新債権総論 II』
　第 5 編　債権の消滅 / 第 6 編　債権関係における主体の変動
　第 7 編　多数当事者の債権関係

〒113-0033　東京都文京区本郷6-2-9-102　東大正門前
TEL：03(3818)1019　FAX：03(3811)3580　E-mail：order@shinzansha.co.jp
信山社
http://www.shinzansha.co.jp

業もある。二〇〜三〇年史では創業者が健在で、創業者の出自や創業経緯の記述は具体的だ。内容的に、つぎの項目が平均的である。

（一）創業前——創業者の出身地域、家族関係など社会的出自、学歴、職歴、創業への動機や経緯、創業時の事業の概要や取引関係など。

（二）創業後——創業地域、創業分野、創業後の経営課題と克服の過程、会社の成長記録、従業員の採用状況、取引関係の変化、会社の組織形態の変遷と事業分野の変遷、その後の経営状況など。

同一産業・事業分野の社史でも、経営論の記述には軽重がある。企業の設立年により経済情勢、政治情勢、そして社会情勢の違いがあるからだ。

昭和二〇年代後半に誕生した企業には、戦前からの「継承」型と「非継承」型がある。継承型でも異なる事業分野での継承のケースもある。事実上の新規創業であり、戦前に理工学系の高等教育を受けた技術者の創業した企業に多い。占領政策の下で軍需関連技術研究の途を絶たれた技術者たちは、輸入製品の国産化事業で創業した。戦後の混乱期にも関わらず、この時期に高学歴者のハイテク起業が存在していたことは意外と知られていない。

また、財閥系企業の市場支配が敗戦後に揺るぎ、参入障壁が低下した分野でも創業が活発となった。事業分野によっては社会階層間の移動も頻繁化し、多くの企業が生まれた。結果、競争的な経済社会が成立した。その後、占領政策の終焉とともに、財閥解体で分割された大企業の復活が始まる。大企業は外国企業からの技術導入を進め、市場占有率の確保に乗り出した。それにより、事業転換を迫られた中小企業もあった。だが、朝鮮戦争（一九五〇年六月勃発〜一九五三年七月休戦）の特需が、既存企業のみならず創業間もない企業への追い風となった。朝鮮戦争特需は、戦後インフレ抑制のためのドッジライン不況下に、日本経済へのカンフル剤となった。ただし、特需後の反動不況期には、合理化と品質管理の向上に遅れた中小企業は大きな試練を迎える。

（＊）

＊昭和二四［一九四九］年四月に占領軍総司令部の要請により、日本経済のインフレーションを抑制するために、財政顧問として米国のデトロイト銀行トップのジョセフ・ドッジ（一八九〇〜一九六四）が来日した。ドッジは第二次大戦中には米国政府の軍需関係の統制に関わり、ドイツ占領米国軍の金融顧問として西ドイツの通貨改革に従事した経験をもっていた。ドッジは来日後、すぐに均衡予算の徹底、財政支出の削減、円の対ドル単一為替レート（三六〇円）などの政策を当時の吉田政権に指示した。結果、インフレーションは急速に抑制されたが、中小企業などの倒産が資金繰りの悪化から急増し、失業者の増大という副作用を招くことになった。とはいえ、これがその後の日本経済の発展へつながった側面は否定できない。その後、ドッジはアイゼンハワー政権下で連邦予算局長や大統領対外経済問題特別補佐官などを務めた。

その後、復興期から高度成長期には、既存企業からの独立ブームが起こり、企業数は増加した。独立創業は円満退社ばかりではない。技術や商圏の取り決めが行われても、その後の事業展開で訴訟に至ったケースもあれば、良好な取引関係が構築されたケースもある。創業後、すべての企業が順調に成長したわけでもない。成長した企業でも、景気のサイクルに翻弄され、過剰設備や販売不振などで倒産の危機に見舞われている。どの企業にも経営危機はあった。それを経営者たちが創意工夫を重ね克服した。企業の盛衰は、その時期の経済・社会・政治に関わる外部環境の下でのマネジメントの質にも左右される。マネジメントに先行するのは、外部環境変化への想像力である。その豊富な事例が社史にある。

2

創業の経緯や創業者の出自は多様である。その経歴スタイルも多様である。学歴に恵まれず、町工場や商店で才覚や才能を開花させた人物も多い。この種の事業家は、とりわけ、技術市場での将来性を見極める能力が高い。同時に、自分の周辺に開発技術者を引き寄せる磁場をもつ。

いまもむかしも、日本社会では学歴信仰が根強い。しかし、学歴獲得のための上級学校進学には、家庭の事情も関係する。初等教育をトップで通したものの、実家の衰退や父親の死亡などで、上級学校への進学を諦めた人たちも、事業家の中には一定数いる。彼らは若くして社会へ出て、数多くの職業を経験して、将来の成長分野＝ビジネスチャンスをつかみ取った。彼らには、自己実現欲の強さと困難な状況を切り抜けた知性を感じさせられる。日々の独学も事業を成功に導いた要因である。進学できなかった悔しさもバネとなったであろう。

高学歴キャリアパスとは無縁であった人たちにとって、もう一つの自己実現の場が創業であった。大学等への進学率の高さ、新規学卒一括採用の制度が定着した世界とは異なるもう一つの世界、複線的生き方がそこにあった。

もちろん、高学歴者層の創業もある。戦前は、著名大学を卒業後、大手企業に職を得たが、独立心旺盛で周りの反対を押し切り創業した人物もいた。米国の大学院を終え高級官僚になったが、輸入製品の国産化に人生を賭けた人物もいた。なかには、職業軍人でシベリアに抑留され、帰国後、その日の糊口をしのぐために繊維業を創始した人物もいた。彼は衣食が足りればつぎは住宅と、経験のない建設業へ転じて成功を収めている。

創業者が、二人の場合もある。小さな衣料品店から地域の大規模店を展開した小売業では、夫婦二人創業のケースも多い。ファミリービジネス的創業である。

経歴の違う二人の出会いから始まった創業物語もある。製造と販売、専門分野が異なる二人が意気投合して創業に至ったケースもある。そこには技術分野や得意分野の補完関係があった。

会社名は、創業者の名字、あるいは創業者の生まれ育った地名からとられたものが多い。なかには、日本一を目指すようにと「富士」や「フジ」が冠されたケース、出資や技術の面でお世話になった人から一字がとられるケースもある。会社名には創業者たちの思いが反映される。

職歴や動機が異なっても、創業という「行為」には共通領域がある。それは、「知覚」→「学習」→「創業」の過程である。その過程は単線的ではない。その間に「出会い」の連鎖があり、連鎖の先にはさまざまなネットワークが作用する。この種のネットワークにも「多様性」がある。「親戚縁者」ネットワーク、「学窓」ネットワーク、創業前に勤務した工場や商店での「仲間」ネットワークと「取引先」ネットワーク、技術・技能面の「専門家」ネットワークなどである。ネットワークの範囲は創業者の足跡であるが、それらのネットワークは、創業当初の行き詰まりリスクを大きく引き下げる。また、ネットワークは、その後の企業経営の根幹を成す。

3　戦前創業の企業のなかには、戦中の企業整備令(*)で軍需工場への転換を余儀なくされたケースも多い。敗戦後は占領政策と物資不足の下で、工場は残ったものの事業規模の縮小を迫られている。こうした企業の多くは、手持ち資材の「売り食い」や「鍋釜」製造で事業を維持した。製造業の場合、敗戦後の事業状況は「鍋釜」時代であった。敗戦後の事業活動の再開は一筋縄ではいかなかった。原材料や電力が不足し、本格的再開には時間を要した。先にも述べたが、昭和二四［一九四九］年三月以来のインフレ収束を狙ったドッジライン=財政金融の引き締め政策によって、やむなく従業員の整理解雇に踏み切った企業は、多数に上った。朝鮮戦争特需で、経営にようやく見通しが立ったと当時を振り返る社史はきわめて多い。

＊企業整備令──昭和一二［一九三七］年央の日中戦争によって、日本は戦時統制経済の色彩を強めていくことになる。昭和一三［一九三八］年には「国家総動員法」が公布された。さらに昭和一六［一九四一］年一二月の太平洋戦争の勃発によって、国民生活に必要な物資生産が抑制され、軍需生産への傾斜が強まっていく。同年に「重要産業統制令」が公布され、軍需生産に関わる重要産業への統制が始まり、翌年には

「企業整備令」が公布され、中小企業の整理統合と軍需生産への組み込みが進展していくことになる。

昭和二〇年代の創業者にとっては、戦争体験が大きなバックボーンであった。むろん、創業者の年齢による戦争体験の軽重はある。二〇歳代や三〇歳代前半での創業者は戦地体験をもつ。在外資産を失い外地から裸一貫で引き上げてきた者、あるいは、戦地で九死に一生を得て帰還して後に創業に踏み切った者もいる。その場合、若い時に関わった技術・技能や事業分野、以前の職業経験は継承されているものだ。

社史に登場する創業者は圧倒的に男性が多い。それだけに女性創業者のケースは興味深い。一例を挙げておく。ある女性経営者は、女子師範学校卒で、戦前、家業の底曳網業に従事していた。戦後は、貨物自動車事業を再スタートして、倉庫業や水産業へと発展させた。在日米軍からの乳製品等の輸送要請が、冷凍輸送サービスのパイオニア的企業へのきっかけとなった。当時、冷凍輸送車が日本になかったため、輸送機器メーカーと共同開発を行った。この種のビジネスチャンスは偶然とはいえ、経営者のネットワークの範囲に大きく依存する。同じチャンスは他の経営者にもあったはずだが、彼女には自らリスクを背負う強靭な精神があった。

社史の多くはリスク感覚や事業感性に関連して、創業の地や、創業者の生まれ故郷のビジネス風土に言及する。地域的気質が、企業家精神に置き換えられたりするが、地域気質と創業との関係を実証するのは厄介である。それを「企業家精神（アントレプレナーシップ）」ととらえるのは無理がある。また、仏教やキリスト教の宗教観から、実業家をめざした場合もある。創業精神の在処を単に「チャレンジ精神」に置き換えては皮相的だ。

社史の行間を読み取れば、素人同然の創業者が技術者や技能者を引き抜く荒っぽいやり方で事業を展開した場合もある。そのやり方は強引で、厚かましくもある。それらが社史では「チャレンジ精神」、「やる気」、「先見性」、「リーダーシップ」と表現される。創業期の荒々しさには、その時代の社会情勢が反映する。

社史は自社の歴史を「誕生期（創業期・創成期）」、「成長期（躍進期）」、「発展期」、「成熟期」に区分する。社史に共通するのは決して順風満帆ではなかった点である。「誕生期」から「成長期」へと移行できた企業でも、資金不足の下で試行錯誤を繰り返しつつ、苦難の末に主力製品を育て上げた事例は多い。危機の克服に四苦八苦の過程が成長期でもある。そうした時期、創業者の技術開発への熱意や市場開拓への取り組みのほかに、ネットワークの力は大きい。また、成長期はもちろんであるが、発展期にはそれ以上に品質管理や技術開発の失敗などもある。

なお、創業期と、その後の成長期や発展期では、中小企業の場合は同じ地にとどまるより地域内での移動が多い。拡張する余地や地価との関係である。他方、中堅企業へと成長した企業では、本社や工場などが移転される。この場合には成長するマーケットに近い地が選ばれる。現在は東京に本社を置く企業でも、創業時は地方で産声を上げていたことは忘れがちだ。

事業展開と幸運論

1　社史には人智を超えたような「幸運論」も登場する。一例がある。父親の急逝で、技術力も業界知識もないままに、勤め先を退職し、先代の町工場を承継した二代目経営者が、倒産の危機に直面し、死に物狂いの強引な市場開拓でなんとか危機を脱する。天からの助けとも思える大企業からの受注や米国・アジア市場の開拓で、苦難を乗り越えていく姿を、社史は描く。それは幸運としか言いようがない話である。この企業は、現在、産業機械分野のニッチ企業である。

中小企業のこの種のマネジメントは、フォーマルな教育プログラムのケース・スタディーには決して採用されない。個々の事例の特殊性を超えて、中小企業経営なるものを統一的理論の下で、理解したい研究者意識からみれば、経営者のまるで行き当たりばったりの事業展開は経営学的に理論化しがたい。ベンチマーク型のマネジメントモデルの構築も困難であろう。辛うじて、観察と分類の学問である社会学的接近において、理論化しやすい「フォーマル」型との対比で、「インフォーマル」型や「イレギュラー」型と分類されるにすぎない。理論的に把握するには、この種の個別ケースを丹念に集めつつ、社史をもたない企業の経営者からも聞き取り調査を重ね、中小企業の発展過程の一次的な類型化を試みるしかない。

さて、社史では、不安定な創業時から発展時期にかけての経営の状況と課題の記述が興味を引く。ある中小企業――工業薬品――の一五周年史はその興味ある事例である。同社は、社史編纂の意義を創業以来の足跡を冷静に分析して、将来の発展の萌芽となる要因を見出すことにあると説く。確かに、社史の意義は単に過去へのノスタルジーでなく、将来を展望することにある。現在、中堅企業へと発展した同社は、創業からの一五年間を振り返り、企業発展の要因をつぎのように列挙した。昭和三九［一九六四］年刊行の社史であるが、それぞれの項目は実に先見性に富んだものだ。

①幹部クラスの外部からの補充に取り組み、成功したこと。②中小企業には大学卒業生が入社しなければ、将来のさらなる発展は困難である。そのために、給与体系を工夫するとともに、普段から大学関係部署に積極的に働きかけ、新卒採用に取り組んできたこと。③生産工程の常なる改善を心がけたこと。④販売部にも技術者を配置したこと。⑤新製品開発への積極果敢な取り組みを続けたこと。⑥新製品開発のテーマを明確化させたこと。⑦労働環境の改善をはかったこと。⑧従業員の能力開発を続けたこと。⑨ワンマン体制を防ぐガバナンスの強化をはかったこと。⑩トップマネジメントの考え方を従業員に伝える社是を制定したこと。

これらの諸点は、いまなお傾聴に値する。

前に現在、中小企業は「過小過多」から「過小過少」の時代へと変化したと述べた。こうした傾向に対しては、創業支援策も必要だが、支援策で創業が増えるなら、苦労はしない。なぜなら、創業は人の自由意志であり、外部から強制されるものではないからだ。支援策のまえに、創業意識や動機に着目すべきだ。

現在の大企業も、自営業のような創業形態で小企業から始まった。創業者本人、場合によって親・兄弟、配偶者の無給に近い協力の下で、小さな企業は産声を上げる。アップルなども友人、知人とともにガレージ創業のかたちで始まった。ＳＯＨＯ（Small Office, Home Office）という言葉がある。ＳＦＨＦ（Small Factory, Home Factory）でもある。

小企業の成長は、技術や市場条件の変化に対応した結果である。経営学者の間でも、このことに大きな異論はないだろう。小企業の新米経営者であっても、技術や市場の変化への対応力が企業成長の鍵を握ることへの認識はあったはずだ。ある経営者はその自覚を具体的な事業に展開できた。ある経営者はそれが出来なかった。それは、「偶然論」なのか「必然論」なのか。「幸運論」と「不幸論」だけで語れるのか。「なぜ」そうなったのか。この「なぜ」研究において、経営者の出自や経歴が大きな役割を果たすのは間違いない。それをどのように立証し、統一的な理解に結びつけるのか。決着のつきづらい研究領域である。

この点についても、社史は有益な研究素材を提供する。工房、町工場、商店などを営む家に生まれたことが「門前の小僧習わぬ経を読み」の字義通り、技術・技能や商才の獲得につながったこともある。学校教育に技術習得の基礎を見出すことは可能であるが、そのようなキャリアをへず、ある種の偶然の下、新規参入を試み成功を収めた経営者も一定数存在する。何代も続く家業の継承者が保守的であるとは限らない。大胆な発想と技術で他分野へと進出した経営者たちもいる。この逆もあり、老舗は最初から老舗であったわけではない。そこには経営者の革新的な取り組みもあろうが、積極的で保守的な経営マインドがある。社史にみられる個々の小さな事実の発見は、創業者の周辺に、技術や市場開拓の面でその能力的限界を補完した人材の存在を示唆する。創業物語には共通要因以上に、創業過程の豊饒さがある。

社史を通じて創業者の経歴・経験の多様性や複線性に改めて気付かされる。外的経済条件の幸運や他律性だけに起因させる単線的理解には注意を要する。複線的な理解が、創業を目指す人たちには不可欠だろう。創業支援策で、教育の役割や資金的援助、コンサルティングやコーチングの重要性がまことしやかに行政から提案されるなかで、見逃してはいけない点だ。そもそも政策によって、人の中に眠る潜在性を引き出し、創業を促進できるものだろうか。

社史から事例を取り上げつつ創業研究を進めることは、従来の中小企業研究の領域を広げる。だが、社史に記録されているのは、功なり名を遂げた創業者や事業家である。得られる経営者の情報は企業数全体からすればほんの一部であって、社史をもたない企業が圧倒的である。社史から漏れたケースの普遍化や一般化への試みは、研究上の方法論的見直しとともに今後も重要な課題であり続ける。

社史は三〇年史あたりが多い。かつて、昭和二〇年代後半から昭和三〇年代に多くの企業が生まれた。それらの三〇年史が編まれたのは、昭和五〇～六〇年である。平成以降ではその数は、残念ながら多くはない。背景には、景気的なサイクルだけではなく、産業構造上の大きな底流変化が存在する。企業の寿命は、情報産業やサービス業で短縮化し、また、人口の減少とともに消費市場が縮小して、企業合併が増加した。事業承継も新たな段階にある。社史の編纂もこうした時代の動向と無関係にはありえないのだ。

2

戦後日本企業は、技術開発の遅れを取りもどすために、米国などからの特許購入を積極的に進めた。当時の技術開発にふれた社史は、特許技術を短期間に修得・応用できた、レベルの高い技術者の存在を伝える。戦時中の軍需産業や軍工廠などで技術開発に当った人たちであった。彼らは事業再開の制約を受けていた大企業ではなく、中小企業などに職を得て、鍋釜製造をしながら、自分たちの技術蓄積を民需分野に活用しようと腐心した。多くの企業が、設備機器の加工精度の低さ、協力工場の不足、原材料の入手難、慢性的な資金不足の下で出発した。

研究開発型の企業――ベンチャービジネス――の振興が叫ばれて久しい。日本でベンチャービジネスがつねに生まれていれば、この種のスローガンは登場しない。現在もベンチャービジネス論が盛んだ。リスク資金の不足も問題視される。それが、昭和二〇年代は慢性的資金不足にもかかわらず、ハイテク企業が創始されていた。そこには、資金不足の制約を乗り越え、少ない資本で技術開発を進めた創業者たちの創意工夫があった。創意工夫の根源には、アイデアと技術力、それを実現できる多彩な人材の存在があった。ベンチャービジネス興隆が期待されながらも、ベンチャービジネスが生まれていないとすれば、人材が偏在し、ベンチャービジネスへ高度な人材が集まらないのだ。

創業者だけでなく、創業者のアイデアを実現させる高度な専門家が、生まれたばかりの小企業には集まって来ない。なぜ、集まらないのか。既存の大企業や中堅企業のほうが魅力的であるからにちがいない。日本のように企業内福祉の違いによって、人の一生の金銭的損得や威信——世間体——が決定されやすい社会では、混乱期を除いて、高度な人材の流動化は起こりづらい。ソニーやホンダに代表されるように、敗戦後の混乱期には、軍関係の研究技術職、航空工学関係の人材が生まれて間もない小企業に集まった。

ベンチャー振興策が重視され、金融面や税制面での優遇制度も設けられてきたが、高度専門人材の流動化を促すほどの強く広範な影響力はない。企業規模に関わりなく、かつてのシビルミニマム論のように、国民全体に共通するセーフティーネットが整備されれば、人はもっと自由に労働市場を移動するに違いない。これは、なにもベンチャービジネスに限った話ではない。一般の中小企業でも経営革新(*)の必要性が指摘される。重要なのは、経営革新を支える人材が中小企業にやってくることだ。中小企業が経営環境の変化に対応し、地域経済を活性化させていくには、その時期に応じて必要とされる人材に恵まれることである。人が動けば、それに付随して技術やアイデアも動き、そして資金も動く。

＊経営革新については、「中小企業基本法」(昭和三八［一九六三］年制定)の抜本的な改正が平成一

［一九九九］年に行われた。旧基本法では大企業と中小企業との間にある経済格差の二重構造の是正・解消が重視された。こうした政策思想は、新基本法でも形式的に継承されたが、政策の重点は中小企業を地域経済において活力ある存在として、そのための自助努力を支援することへとシフトした。重点施策は、資金、人材、技術、情報などの経営資源面での支援を高めて、中小企業の経営基盤そのものを強化し、経営革新への取り組みを促すことにある。このように、新法では創業支援とともに、経営革新が強く打ち出されることになった。関連立法として、「新事業創出促進法」、「中小企業創造活動促進法」、「中小企業経営革新支援法」を統合した「中小企業の新たな事業活動の促進に関する法律」（通称「中小企業新事業活動促進法」）が新基本法とともに制定された。

第三章　中小企業と地域史

日本のように繁栄している国であっても、地域間の不平等が問題になるのです。

（ジェイン・ジェイコブス、*Cities and the Wealth of Nations: Principles of Economic Life*. 1985）

中小企業と地域は密接な関係をもつ。地域の発展なしには、中小企業も発展しえず、逆に中小企業の発展が地域の発展に結び付く。地域には発展地域もあれば、停滞地域、衰退地域もある。地域間の発展は不均衡である。発展地域には、活力ある中小企業の光る存在がある。中小企業と地域経済はともに発展できるのか。

地方の中には、水や空気と同様でタダ同然と思われてきた公共サービスの維持に四苦八苦する自治体も出てきている。背景には地方財政の厳しい現実がある。地方財政の悪化には、地域産業や中小企業の栄枯盛衰の物語がある。人が安全・安心に暮らすには、自然・社会環境と、それを支える中小企業などの経済活動とのバランスある共生が必要である。中小企業はどのような地域史を形成してきたのか。

事業活動と地域史

1　地域経済の今昔をみる上で、工業立地論や商業立地論の示唆は大きい。立地論から、ビジネスで考慮すべき地理的空間の重要性を理解できる。総生産費用に占める原料費の比重が高い場合、輸送費用を優先させた原料立地となる。消費市場への輸送費用を優先させれば、消費者立地となる。商業でも、消費人口に近接する店舗を立地させる有利性が選択される。従業員確保や情報の入手なども立地の選択肢である。加工外注業者や取引先の集積もまた無視できない。他方で、さまざまな技術の急速な発展が、それまでの立地上の優位性を突き崩し、地域発展の新たな栄枯盛衰史をつくり出す。

都市圏への集中は、経済活動上の優位性だけでなく、政治も反映してきた。大都市の経済的優位性は人口集中に起因する。大都市には市場規模とその集積度の優位性や、労働市場、金融市場などへのアクセス上の有利性がある。同時に、この強さは弱さでもある。地震など災害時の大都市の脆弱性への対応システムの構築は、切実な課題である。一極集中のシステムは、適切なバックアップ・システムがなければ、ある時点と規模から一挙に脆弱となる。集中の脆弱性は、分散が本来それを補う。私たちの社会の健全な発展には、集中と分散の組み合わせが必要だ。

それゆえに、大都市一極集中是正への努力は続けられてきた。地域政策では、経済活動の地域分散がはかられてきたが、結果はつねに逆であった。現在も地域経済の振興が重要視され、まちおこし運動への模索が続く。地域振興への官民挙げての取り組みは、かつての状況への復帰運動のようにもみえる。しかし、地域経済の盛衰は、個別の経済主体の盛衰であり、私たちは過去へとそのまま戻れない。大企業と中小企業との関係や企業活動の地域経済に果たす役割が変化したのである。

地域経済や中小企業の課題は、大企業の動向と併せて論じられる。大企業も一括して扱うべきでなく、それぞれの存立状況や存立基盤を見直す必要がある。大企業も企業規模からいえば、つぎの範疇となる。

（一）かつては多国籍企業（multinational corporation）といわれた。ほとんどの国で事業展開を行っている超国家的巨大企業（transnational mega-corporation）とよばれる大企業群。

（二）国内以外にも複数事業所をもち活動している大企業群。

（三）もっぱら国内だけで活動する大企業群。

（一）のように多くの国にまたがる経済活動は、工業・商業立地上の優位性が働いた結果である。さらに、情報通信技術の発達がこれを加速させた。（二）の大企業も同様である。（三）の大企業は原料調達や市場規模の関係によって国内で活動するが、今後、（二）の大企業へと移行する可能性も高い。

大企業と中小企業との関係も密接だ。中小企業は取引関係を通じて大企業の影響を受ける。海外事業所をもつ中小企業の場合には、進出国において（二）の大企業と取引関係をもつ場合もあるが、概してみれば、（三）の大企業との取引関係が主である。また、中小企業相互でも取引関係をもつ。製造業であれば、部品や加工を通じての相互取引関係があり、これは大企業との「下請関係」に比して、「横請関係」ともいわれる。他には、卸小売業での中小商店と中小製造業の緊密な関連性があげられる。(＊)

＊米国でも輸入品の増加から、製造業分野の中小企業が衰退し、やがて関連事業分野の中小卸売業・小売業が大きな影響を受けることになった。詳細は、寺岡寛『アメリカ中小企業論（増補版）』信山社（一九九四年）を参照。

大企業との取引関係では、（三）→（二）→（一）と移行した中小企業もあれば、逆に（一）→（二）→（三）と取引関係の地理的範囲が狭まった中小企業もある。傾向としては、後者のケースが多い。大企業のグローバルなビジネス展開で、中小企業からみれば、それまでの域内取引が縮小し、域外取引が拡大する経営環境となったといえる。変化する取引関係への対応によって、中小企業は三つのタイプに分岐した。すなわち、（ア）現状維持型、（イ）縮小移行型、（ウ）現状拡大型である。（ア）は事業転換や事業多角化によって、それまでの取引額の減少を補った中小企業であるが、事業転換の成功事例は少数である。事業多角化は主たる事業の周辺関連分野を地道に開拓した結果である。（イ）はそのような努力が残念ながら実を結ばなかった中小企業群である。（ウ）は海外生産を拡大させた大企業との域外取引を維持しつつ、国内でも事業を多角化させた中小企業群である。残念だが、少数派である。

域内・域外での取引の多角化、輸出市場の開拓、新製品の開発などを行ったにもかかわらず、二つの異なる結果となったのは、従来の取引関係の売上額減少を補えたかどうかである。域外取引の開拓には、国内外の営業活動を支える人材と資金の投入を要する。概して、中小企業は経営資源が中小規模の企業群である。自社の経営資源の制約があるなかで、（ア）や（ウ）の存立形態に留まるには、積極的な外部経営資源の活用が必要となる。資金面は地域金融機関の活用が当然であるが、中小企業は人材の活用で苦労してきた。情報通信技術の発達によって、自社の製品や技術をウェブ空間に安価で掲載できる時代であるとはいえ、商談はネット上だけですべてを済ませられるはずもない。域内外で事業を展開できる人材を自社内外でどのように活用するか。むかしもいまも中小企業経営の克服すべき課題である。これは多くの経営者が語るところである。

2　人材を地域や自社へどうすれば引きつけられるのか。

若いうちに他地域で経験を積んで、いずれ生れ故郷で活躍したいと願う人たちは多い。また、当初から地元で働き、生活したい若者たちも一定数いる。だが、現在、過疎地といわれる地域からの若者の流出は止まらない。

地域の良い点も良くない点も、他地域で働き、生活してみて理解できる。そのような経験と知識をもって地域へ戻る人たちが、地域を発展させる一翼を担える。ならば、地域にとっては、二〇歳代の若者の流出よりも、三〇歳代以上の中堅層のUターンが少ないのが問題である。理由は明白だ。働く場が少ないのである。

そのような地域の特徴の一つは、かつて地域の雇用に大きな役割を果たした大企業の工場や事業所が閉鎖あるいは縮小再編されたことである。工場の閉鎖や縮小は、そこで働く人だけでなく、製造業や商業・サービス業など関連企業の経営にも影を及ぼす。こうした動きが、若者だけではなく、中堅年齢層の地元雇用のポテンシャルを大きく引き下げる。では、どうすればよいのか。あるべき方向性の一つは、はっきりしている。中堅層がそれまでの経験を生かし自ら事業展開すること。つまり、起業である。現在のところ、そのポテンシャルはなかなか高まらない。

もう一つのより現実的な方向は、新しい人材が既存の中小企業などに入り、それまでの経験を生かし、他地域とのネットワークを活用して経営の活性化に貢献すること。こうした新しい事業転換には、新しい人材が必要である。また社外人材の活用も、Uターン組やIターン組への就業機会の提供につながる。

そして、新しい方向性をとるには、つぎの二つの前提を強く意識しておくべきだ。

（A）自社の競争力の源泉の明確な把握――異分野への転換や多角化には、まずはもって自社の製品や技術の掘り下げと自社の強みへの再確認が必要である。そこから周辺へと事業分野を拡大させる企業だけが、徐々に小さな成功を積み重ねていける。

（B）他社との提携関係の構築――（A）の自社内対応が困難である場合、自社と補完関係のできるパートナー企業を域内外に見つけ出し、互恵的な関係を作り上げる。

実際には、多くの中小企業がこのような対応方向に活路を見出せていない。なぜ上手くいかないのか。この理由もまた簡単だ。（A）や（B）の対応策は一朝一夕には可能ではないからだ。成功する中小企業は、経営環境の変化を予想しうる。予想ができれば、対応へのステップが踏める。対応は、試行錯誤の先にある。試行錯誤の創造的な積み重ねが、経営者のマネジメント能力を実質的に引き上げ、対応に必要な人材を育てる。

地域の経済社会史

1　地域には、変わらない部分、緩慢に変わる部分、急速に変わる部分がある。その平均値として地域は変わる。

多くの人たちはかつて農村に住み、土地を耕すことを生業とした。農村社会である。農村社会は生産を基盤とする社会であった。農業生産力の拡大が余剰生産物を生み出し、やがて農村取引から都市社会が生まれた。都市社会は消費を基盤とする社会である。都市は人口の集中を促し、巨大な消費市場を作り出す。巨大な消費市場は域内に商業とサービス業を引き寄せ、相対的に高い地価と人的費用に呼応した製造業を成立させる。こうした都市人口の拡大と集積利益は、さらに人口を呼び込み、都市におけるインフラなど公共資本の整備は巨額の政府支出を呼び込む。

都市興隆の反作用は農村地域の停滞と人口の流出である。農村と都市、あるいは都市と都市は均衡を保ちながらの互恵的発展が理想的である。現実は異なった。そのため、地域政策が実施された。その政策的メッセージは国土の有効利用にあった。当初は人の移動の抑制と促進によって、地域間の国土利用の均衡を図ろうとした。しかしながら、その効果は限定的であった。結果、資本を移動させることに政策の重点が移った。

資本移動を誘導するため、工業・商業団地を作り、税制面での優遇制度が導入された。こうした政策で、企業が一定地域に集積することには、外部経済効果もある。どの自治体も新規立地へ熱心に取り組んだ。しかし、この種の立地誘導政策は、地域間の競争を生み、地方自治体のなかには、工業団地などを造成したものの、当初計画を下回る立地件数となった。結果、地方財政負担の重みがのしかかった。企業誘致には雇用や物流面で経済的な即効効果がある。だが、企業が地域に留まらなければ、追加の政策コストがかさむ。

他方、海外事業の拡大というグローバル化が進む。こうした動きは、国内だけではなく、海外諸国との国境を超えた競争の帰結でもある。グローバル化の掛け声はローカルな視点を等閑に付す。地元企業の活性化を見落としてはならない。

ローカルな経済への波及効果をどう高めるのか。それは地域での中小企業の活躍を抜きにしてはありえない。すなわち、地域経済政策として中小企業への支援が必要とされる。政策連鎖の論理はつぎのようなものだ。〈地域経済政策→中小企業の活性化→地域経済の活性化→中小企業の活性化→……〉。政策の有効性と実効性からみれば、この連鎖のどこから始めるべきか。

政策とは人々の活動が限界であるときの最後段階での公的支援である。そこには「緊急性」、「公共性」、「限定性」の判断基準がなければならない。

「緊急性」――民間経済は、民間相互の財・サービス・資金などの取引に基づく経済である。この相互関係が正常に作用していない状況において、政府など公共部門の支援が正当化される。

「公共性」――公的支援が正統化されるのは、政府など公的部門の支援が特定の経済主体の利害に沿ったものではなく、広く公共の利益が配分しうる場合でなければならない。必然、そこには公平性が担保されなければならない。

「限定性」――政府など公共部門の支援は、存続期間を設けて実施すべき性格のものである。政策の目的は最終的に政策的支援を不必要とすることにある。あくまでも、経済政策としての支援策は経済主体の自律的発展を目的とする。支援が恒久的になれば、そこに必ずレント(*)を派生させる。結果、他の多くの経済主体の健全な活動を阻害することになる。

＊レント――市場での独占や政府の支援によって得られる特別利益を指す。

この三つの要件から政策のあるべき姿を確認した上で、地域経済活性化の政策課題を整理する必要がある。政策の方向性は「地域が先か」、「中小企業が先か」の選択でもあり、考慮すべきは地域のもつ苗床効果である。農業では、無駄なく作物の発育を促進させるために、日照、排水、風当たり等の環境が良い苗床が選択される。こうした条件が揃わなければ、人工的に環境整備が必要となる。同様に、地域の企業活動の活性化にも苗床効果が必要である。地域経済の苗床効果とは、大きく整理してつぎのような経営環境の整備である。

社会資本（インフラ）の整備——企業活動と日常生活を均衡させた社会資本の整備。効率的かつ自然環境へ低負荷となるエネルギー、物流システム、公共交通の整備である。

経営環境と生活環境の均衡——企業などの経済主体にとって経営しやすいインフラと、住民にとって生活に潤いをもてる社会環境の均衡を強く意識すること。たとえば、観光業振興のために、一時滞在の観光客にとっての環境整備ではなく、定住を意識したまちづくりが重要である。

域内での経営資源の調達度——地域内での経営資源の自給度を高めること。いわゆるヒト・モノ・カネを自給し、域内での投資と消費の循環を促す。

積極的な域外との取引——域内での経営資源の利用を高め、域外からは域内で自給が困難な経営資源を積極的に調達すること。これにより開かれた形での地域発展が可能である。その際、域外調達の経営資源の活用の前に、域内での自給をはかり、さらに域外からも将来の地域発展を考慮した経営資源の移入へとシフトする。

産業政策は、政策有効性の原理・原則を踏まえなければ、地域経済振興への効果は薄い。また、解決すべき本来の問題をかえって複雑化させる。地域と中小企業との相互循環性では、〈地域→中小企業〉を強く意識した上での〈中小企業→地域〉という中小企業政策が必要なのである。

2　地域経済社会史は、人びとの経済活動と社会活動との関わりである。そして、地域経済と社会の接点に地方財政がある。

経済の自律的発展は、本来企業の投資と消費、家計の消費によって支えられる。それがいままでは巨額の国債発行による他律的な経済拡張が普通になった。他律的な政府支出が支える地域経済は、一体いつまで持続するのか。

地域によっては、公的部門が消費や雇用に大きな役割を果たす。地域経済をコストセンターとプロフィットセンターという経営学用語からとらえると、公的部門はコストセンターである。コストセンターはプロフィットセンターからの収益の再配分を受け持つ。配分元の利益は民間部門や組合部門によってもたらされる。コストセンターはプロフィットセンターあっての存在である。

換言すれば、地域の稼ぐ部門である企業などの比重が低下すれば、地域内の自律的な経済循環度は低下する。結果、他地域からの所得移転なしには地域社会の経済基盤を維持できない。経済基盤には生産などの基盤と生活の基盤がある。二つの基盤は相互依存的であるが、とりわけ経済基盤は重要である。二つの基盤が不均衡であれば、社会インフラなど生活基盤を維持するにも外部資金に依拠せざるをえない。これが、過疎に悩む自治体の財政問題そのものである。地方財政悪化の下、自治体もプロフィットセンターになるべきとする「稼ぐ自治体論」も登場したが、本筋は地域の民間企業の踏ん張りである。

地方財政の赤字とともに、中央政府の赤字財政が問題視される。地方自治体は公債発行や中央政府の借金に依存し、中央政府は国債発行の借金に依存している。

国家財政や地方財政は、本来、租税を徴収し、その範囲でやりくりすれば、借金を重ねる必要はない。均衡財政論である。日本の場合は、昭和三九［一九六四］年までは、一般会計的には概ね均衡財政――短期国債、公社・公団等の収益事業債である政府保証債等の発行は除く――の国家運営であった。企業経営でいえば、無借金経営の超優良企業であった。それが、翌年、政府は特例国債として長期国債の発行に踏み切った。以後、特例は特例ではなくなり、日本の国家財政は恒常的に国債依存体質となった。景気後退期には、国債発行による公共工事などの景気刺激策がとられた。政府の財政支出拡大は〈景気刺激→税収拡大→国債の償還→経済の自律的発展〉の経路を前提とする。現在、すでにこの前提の崩れが政府の既得権となっている。国債は償還が近づけば、より長期の借換債へと繋がれ、国債発行の歯止めは外れたままだ。

国債発行の規模は国債整理基金特別会計の規模でもある。財務省の公式数字では、半分は国債償還費で、三分の一は社会保障給付金、一〇分の一は地方交付税交付金が占める。国債償還のための国債を発行しなければならない自転車操業が続く。自転車操業の法的根拠は、国債の六〇年償却制度である。要するに、六〇年の間に借換を繰り返すことができる。

国債発行に歯止めが効かないのは、新規国債が消化されてきたからである。誰が国債を購入してきたのか。ヨーロッパ諸国では非居住者の国債保有率はきわめて高い。それが、日本では、国債はいまのところ、国内居住者＝日本国民によって消化されている。

だが、国民経済の健全度指数のプライマリー収支――一般会計で歳入総額から国債・公債等の発行額を差し引いた金額と、歳出総額から国債償還費などを差し引いた金額の収支――は、成績表的には主要国ではダントツに下位である。成績が悪くとも落第しないのは、国債が購入されているからだが、国債の購入者は、平成一二［二〇〇〇］年度あたりを境にして、様子が変わってきた。それまでの簡易保険に代わって、ゆうちょ銀行の比重が高まった。ただし、平成二〇［二〇〇八］年度あたりから、その比重は低下し始めた。生保はいまも一定の比重を占めるが、銀行は平成二五［二〇一三］年度ころから低下してきた。

他の国債の購入者には、証券投信信託、証券会社、年金基金のほか海外の機関投資家などがいるが、それまでの主要な購入者の比重低下を補ったのは、日本銀行である。平成二七［二〇一五］年度には国債の三分の一以上を日本銀行が保有する。中央銀行が国債発行を支える状況は正常であるはずはない。

日本銀行の長期国債の保有残高は、平成二四［二〇一二］年度から三年間で三倍以上に著増した。背景には、平成二〇［二〇〇八］年のリーマンショックへの対応策として、積極的な財政政策が国債発行を通じて発動されたことがある。その際の五年国債の償還が平成二六［二〇一四］年度から始まったが、既発債を一括して償還できなかった。結果、発行国債はより長期間の借換国債へと引き継がれた。政府の国債の継続的発行は低金利が大前提である。金利が反転し上昇すれば、国債発行は困難になる。

日本銀行は国債をいつまで引き受けられるのか。引き受けが困難となれば、国債価格は下落し、長期金利は上昇する。現在、日本銀行の収入は、マイナス金利政策で低下傾向にある。マイナス金利政策の下では国債利回りも低下し、日本銀行の収支を悪化させる。金利収支が赤字となれば、自己資本を取り崩して補てんするしかない。国債という借金でやりくりする中央政府の財政状況は、地方自治体にとり深刻である。地方交付金に加え、多方面にわたる補助金行政が大きな制約を受ける。こうした事態は地域の中小企業にも多大の影響を及ぼす。

〈補　論〉

多くの日本人にとって名目金利がマイナスとなることは、理解しがたく予想しなかった。日本銀行は平成二八［二〇一六］年一月末にマイナス金利政策の実施を発表し、翌月から民間金融機関の日銀当座預金の超過準備――準備預金のうち法定額を超えた部分――に対して〇・一％のマイナス金利を適用した。マイナス金利は、この四年以上前に、デンマーク中央銀行が実施している。ほかに、スウェーデンやスイスの中央銀行、欧州中央銀行でも実施済みである。これには、資金が銀行に退蔵されるよりも、企業などの投資に振り向けられ、経済成長につなげたいという政策的な狙いがある。

日本でもデフレ脱却のための手段として、マイナス金利政策が採用された。しかしながら、マイナス金利導入のアナウンス効果はどれほど作用したのだろうか。たとえば、中小企業の資金調達に関係する信用金庫や信用組合といった地域金融機関の預貸率――貸出残高／預金残高――をみると、長期間にわたって低下傾向にある。つまり、金融機関が「金余り」の状況にある一方で、借り手側の中小企業の資金需要の低迷がある。この背景には、中小企業にとって投資するに足る事業案件が自分たちの地域に少ないことがある。マイナス金利が地域経済の活性化につながらなければ、中小企業の資金需要の増加も望めず、金融機関からの貸出増に結び付くことはむずかしい。

中小企業の役割論

1　中小企業の役割とは何か。それには、企業規模に関わりない部分と、中小企業に特に言える部分がある。前者は納税を通じての、後者は雇用創出を通じての、地域社会への貢献である。そのほかに、祭事など地域イベントへの寄付行為もある。

納税は地域の社会資本の維持にくわえ、公共サービスの提供に重要である。しかし、法人税についてみると、日本の場合、支払っていない法人の割合が高い。税法上の法人税の課税対象は、総益金から総損金を差し引いた純資産額から、資本取引による純資産増分を控除した金額である。法人税論では、大企業が有利なのか、あるいは、中小企業が有利なのか。この点は税法上の公平・公正原則を確立するために重要であるが、中小企業研究での取り組みは寡聞にして、研究者の数は少ない。

税問題は税率の具体的な適応状況と、それを規定する税制の公平性・平等性をめぐる問題である。納税者の権利を保障する納税者権利憲章(*)が未だに認められない日本では、国民間の真っ当な議論や、政府の納税政策や税の使い道に対する創造的な議論が起こりにくい。また、税制は複雑であって、納税者が理解するには、迷路の中を歩く戸惑いがある。これは日本だけに限らない。税制とは、適用税率の決定をめぐって、さまざま経済主体間の利害関係が交錯した政治過程の結果であるからだ。さらに、同じ制度の中の税率適用にも、優遇措置が組み合わされる。税制度は単線的ではない。

＊納税の義務については、「大日本帝国憲法」でも現行の「日本国憲法」でも規定されている。日本国憲法第三〇条には、「国民は、法律の定めるところにより、納税の義務を負う」とある。他方、日本には納税に関する権利を保障した基本法などは存在していない。日本では義務だけが課され、徴税にともなう権利が保障されていないことは大きな問題といわざるを得ない。納税者の権利は、欧米諸国では納税者権利憲章として認められている。アジアでは韓国で認められている。日本でも納税者権利憲章を求める動きが、一九七〇年代半ばから展開してきたが、現在も認められていない。

大企業への優遇税制が批判を浴びることは多いが、中小企業の法人税率も優遇措置で軽減されてきたことは忘れがちだ。法人税率上の「中小企業」は、中小企業基本法での「中小企業」の定義とは異なる。法人としての中小企業は、資本金額が一億円以下の法人であって、(*)大企業の子会社などは対象とならない。企業規模により税率が異なり、中小企業に対する資本蓄積促進による経済活動の支援、担税能力への配慮がある。

*なお、租税特別措置法では、このほかに「資本又は出資を有しない法人のうち、従業員数が千人以下の法人」の規定がある。

企業の担税能力については、外形標準課税の問題が論議されてきた。外形標準課税制度では、企業の所得ではなく、事業年度終了時の資本金等と事業活動による益金から損金を控除した金額が対象となるため、赤字企業も課税対象となる。ただし、資本金一億円以下の企業＝中小企業には適用されない。中小企業で、赤字でも納税の義務があるのは、地方税での住民税である。個人事業主の場合には道府県民税や都民税、特別区民税がかかり、法人の場合には資本金額や従業者数(*)の多寡によって税率が定められる。他方、都市環境の整備・改善のための市税＝事業所税が、政令指定都市と人口が一定規模以上の都市で実施されている。ただし、事業所税は事業所床面積が一〇〇〇平米以下か、従業員数が一〇〇人以下の企業は対象ではないため、中小企業の多くには免税措置が適用される。

＊ここでの従業者とは事業年度終了時における俸給、賃金、手当、賞与などの給与支払いを受ける者であり、役員、派遣労働者、アルバイト、パートタイマーなどの非正規従業者も含まれる。

その他の、中小企業に対する優遇措置や特例には、設備投資促進のための優遇措置、貸倒引当金の繰り入れ措置、交際費(＊)・欠損金の控除額適用や繰越し還付、一定企業所得以下の事業者への軽減税率適用などがある。(＊＊)設備投資促進などは、中小企業の経営改善促進措置として個別の中小企業政策でも用いられてきた。また、中小企業での雇用促進措置として、正規雇用者を増加させた場合に、一人当たり一定金額の税額控除が適用される。

＊従業員の慰安、行事、社員旅行などの諸費用は交際費から除外され、福利厚生費となる。

＊＊中小企業の法人税率に関しては、平成二四［二〇一二］年から七年間にわたって低減措置が講じられている。また、法人税に関しては平成二六［二〇一四］年から、消費税の引き上げにより、地方の税収増が見込めるものの、地域間の財政力格差があることから、税源の偏在性を是正する名目で地方法人税が導入された。地方法人税は地方交付税として地方団体に配分される。

こうした制度は、「地域雇用開発促進法」（昭和六二［一九八七］年制定）の規定地域での、雇用促進のために導入された。現在、四七都道府県のうち約半数の道府県の八〇地域ほどが地域指定されている。こうした地域では、主要産業の衰退により若者層の域外流出が続いている。地域経済政策としての雇用促進策は、中小企業政策でもある。(*)一例として、前年度よりも給与支給額を一定割合増加させた企業には、増加額の一定割合に税額控除を適用する制度がある。ただし、給与引き上げ率は大企業より中小企業で低いと想定される。税制上の特例や優遇措置が、中小企業経営強化税制措置などとして導入されてもきた。だが、設備投資や従業員の給与引き上げなどに積極的でない中小企業にとっては、この種の措置は画餅となる。また、大企業との比較で、問題視されるものに研究開発税制の適用がある。これは、研究開発に取り組んでいる中小企業にとっては刺激になるが、研究開発費が少ない中小企業にとっては、やはり画餅となる。

＊この点は、なにも中小企業に限ったことではなく、「地方拠点強化税制」の一環として首都圏、中部圏、近畿圏の大都市以外の地方諸都市では、本社家屋の増築、東京本社企業の地方への本社移転＝新社屋の建築にあたって、増加雇用者一人当たりの税額控除が認められ、最大三年間、制度適用を受けることができる。

製造業以外でも特例措置はある。商業・サービス業、農林水産業の指定業種では、経営改善のための器具備品を購入したり、建物付属設備へ投資した中小企業は、投資額の一定割合を特別償却できる。固定資産の取得に対しても、一定の経費算入が認められる。この種の制度申請には、商工会議所、商工会、都道府県の中小企業団体中央会など中小企業経営指導機関からの指導・助言を受けることが義務付けられる。さらに、同族経営の中小企業に対する特別税率の適用制度もある。対象は自己株式を除く発行済株式の半分以上を一株式グループによって保有する特定同族会社である。また、中小企業、なかでも小規模企業の場合、投資額自体が少額であるが、その少額減価償却資産へ取得年度に全額損金算入が認められる制度もある。

こうしてみると、中小企業に関する税制は、資金調達負担の軽減による経営力全般の強化に加え、生産性の向上、環境関連投資――いわゆるグリーン投資減税――やイノベーションへの取り組みの促進など、中小企業政策的な意味合いが強い。生産性向上に資するような機械設備を導入した場合の、費用の償却資産税の軽減措置や研究開発促進に関わるイノベーション税制はその例である。イノベーションに不可欠な研究開発活動における原材料費や人件費、外部の研究機関や試験機関への委託研究費、研究開発関連組合への賦課金が税控除の対象となる。世界的潮流であるオープン・イノベーション――自社以外の研究組織などとの連携的な取り組み――については、産官学の、「官」では政府系の試験研究機関、「学」では大学との連携に関わる費用が控除対象となる。

大企業とは異なって中小企業の場合、経営者の死去が、ときに深刻な承継問題を生む。所有と経営が分離されていない多くの中小企業にとって、相続税の支払いが事業承継上の障害となる。事業承継の負担軽減のために(＊)、都道府県知事の認定の下で、後継者が相続税の申告期限後五年間にわたり事業を承継する要件を満たせば、自社株式の一定割合の相続税の納税が猶予される制度がある。また、経営者が健在のうちに後継者への株式の引き継ぎを行う場合には、贈与税が課されるが、これには、納税猶予の適用制度がある。

＊他の事業継続要件としては、相続開始から五年間の事業継続期間中に従業員の数を一定割合維持することが求められる。なお、総資産に占める非事業用資産の割合が一定以上の「資産保有型会社」には適用されない。

2　雇用機会の拡大は地域社会の活性化に繋がる。

働く場の提供には、民間部門と公的部門、その中間部門として組合などの活動がある。過疎化が著しい地域では、公的部門の雇用の比重が高い。県民人口当たりで公務員数の多い地域は、島根県、高知県、鳥取県、徳島県、岩手県、山形県、秋田県などである。こうした地域は、六五歳以上の人口比率も高い。高齢化率では秋田、高知、島根が上位三県を占め、徳島や山形も上位一〇県に入っている。若年層の県外流出に歯止めがかからないのである。その背景には、地域経済において、若者層への就労機会が十分でない問題がある。この問題は、地域の主要な大学の卒業生の就職活動の状況に如実に反映する。

過疎地域の大学卒業生の就職状況を見ておくと、国立大学では、広く県外から学生が集まるが、県内で就職する学生数は少ない。県内で就職する場合は、民間企業への就職機会は限られており、教員や警察官などを含む公務員職が目立つ。県立大学や市立大学など公立大学では、地元就職を望む学生が国立大学よりも多いものの、労働市場での需給の不均衡が県外就職の圧力を高めている。こうした状況に対して、地方自治体が、現状の改善に関して何もしていないわけではなく、むしろ、熱心に就職機会を増やす努力を続けてきた。その政策の方向性は、一つは他地域からの企業誘致、二つめは起業（創業）促進、三つめは既存企業の成長促進である。いずれの政策も実効性に課題を抱える。

企業誘致は従来から取り組んできた政策の一つである。だが、他の自治体との政策的な競合関係の中で、立地条件の有利さを印象づけて企業を誘致するのは容易ではない。製造業に限っても、原材料や最終製品の搬入等の物流コスト面に加えて、労働力の質量面での確保、部品や関連サービスでの企業集積がなければ、企業誘致の成果は得られない。外国の地域政策の事例をみると、北欧諸国、たとえば、フィンランドの地方自治体は官民協力の下、欧州諸国からの企業立地に積極的に取り組んできた。成功地域もあれば、成果が上がらなかった地域もある。成功地域の特徴は、つぎの三点である。

（一）エネルギー産業や無線通信産業など、得意とする産業イメージを明確に外部に情報発信することにより、他地域からの企業を吸引してきたこと。

（二）密接な産官学連携システムの存在——特定産業での国際競争力を有する大中小規模の企業の混在、レベルの高い研究者を有する大学や研究機関の存在、さらには産学官の密接な連携関係を推し進めることのできる公的組織と人材の存在があったこと。既存組織からのスピンオフと新規立地が盛んなこと。

（三）スピルオーバー効果と実績——（一）と（二）が外部地域に向けて有益情報を盛んに発信した

こと。

多様な産業が立地し、発展した大都市圏とは異なり、広汎な産業を有していない地域は、最も発展のポテンシャルの高い産業へ特化せざるを得ない。そして、発展ポテンシャルにとって重要なのは、企業規模にかかわらず、国際競争力をもつ企業群の存在である。とりわけ、ベンチャー企業や、高度な研究能力や設計技術をもつ多様な中小企業の存在は、立地誘引の魅力的な環境条件である。そうした企業の集積は、大学などの研究者集団の存在とも相まって、新たに立地しようという企業にスピルオーバー効果への期待を醸成する。

フィンランド北部のオウル市、中部のユベスキュラ市、北東部のクオピオ市、南西部のトゥルク市、西部のヴァーサ市などは情報通信産業、エネルギー産業、バイオ産業などで、国内外から企業を誘致し、研究開発面での産学連携の推進によって、従来の産業構造から積極的な転換をはかり、成功を収めてきた地域である。鍵を握ったのは、産官学連携の協力関係を築ける、優秀かつ有為の厚い人材層である。この点こそがフィンランドの主要地域の実態を調査して、私自身が強く感じた彼我の違いであった。

ただし、フィンランドでも一朝一夕に、効率的な産官学連携による地域イノベーション・システムやオープン・イノベーションが定着したわけではなかった。その経緯は、痛みをともなうものであった。旧ソ連との深い貿易関係をもっていたフィンランドは、旧ソ連の国家体制の崩壊とバブル経済の崩壊によって、一九九〇年代前半、主要企業のリストラと金融危機という大きな混乱に陥った。この過程で、労働市場や企業の雇用政策が大きく変容し、それまでは比較的長期雇用であった企業の雇用形態も、変容を迫られた。その後、携帯電話で大躍進のノキア・グループに象徴されるように、情報通信などハイテク分野を中心にフィンランド経済は成長を遂げた。フィンランドの労働市場では企業間・産業間の流動性が高まるとともに、非正規雇用職の比重が高まった。

フィンランドのハイテク企業の興隆には、大企業などの事業縮小によって優秀な人材が流動化したことも大きかった。日本では、雇用保険などのセーフティーネットが不十分であること、企業規模間の厚生・福祉の格差があること、年金などのポータビリティ制度が未整備であることで、結果、大企業などから新規企業や中小企業への人材の流動化が進展しない。

国家イノベーション・システムや地域イノベーション・システムは、制度的にフィンランドや米国、欧州諸国と日本で、大きくは異なっていない。しかし、成果には大きな違いがある。原因は、オープン・イノベーションを促す産官学連携の触媒人材の質量面での大きな差異にある。フィンランドの経済危機は、地域主要産業の整理再編と雇用危機をもたらしたが、他方で人材の流動化を促し、産業間・産学間・産官間・官学間の人材の再配分が進んだ。

フィンランド社会にとって、経済危機は国民の働き方に劇的変化をもたらした。しかし、同時に、危機を緩和する福祉システムが整備されていた。年金制度を含む福祉制度におけるナショナル・ミニマムの下、企業間や民間と公的部門との移動が日本のような大きなハンディキャップとはならなかった。

企業間や官民間の経済格差が存在する日本では、イノベーションは個々の勇気と心意気にしか期待できない。日本では、官僚からの応援メッセージは盛んであるが、残念なことに、官僚や政府系研究機関からベンチャー創業などの挑戦者は少ない。官からの挑戦者も多かったフィンランドと比較して、日本のイノベーションの担い手論はどうあるべきか。彼我の差異は根本的な問いを私たちに投げかける。

3

中小企業の役割も変わってきた。戦後復興期には、中小企業は輸出振興の重要かつ不可欠な担い手であり、繊維産業や雑貨産業で、外貨獲得に大きな役割を果たした。その後、アジア諸国などの追い上げもあり、日本の主力産業は資本集約的な資本財産業や加工組立産業へと移行した。船舶、電機（重電・弱電）・電子、自動車、各種産業機器、精密機器などが主力産業となり、製造業の雇用の中心もこうした産業へと移行した。これらの産業は一方で大規模な設備投資を必要とし、他方で既存製品の改良・改善、新製品の研究・開発にも積極的な投資を必要とした。販売面では、大量製品が大量消費され、やがて商品市場が飽和するにつれ、多品種少量製品に対応したマーケティングが必要とされた。これらの事業活動が大企業に担われるなかで、最終製品に組み込まれる多種多様な金属部品、プラスチック部品、それらを支える金型、切削や冶金などの金属加工、塗装、表面処理、鋳鍛造、ユニット組立などは、中小企業によって支えられてきた。

最終製品は、大企業などのブランド名とともに、マスメディアなど宣伝媒体を通じて多くの消費者に知られる。この意味では、大企業の存在はその製品やサービスとともに、消費者に身近な存在だ。他方、日常製品であろうと、ハイテク製品であろうと、そこに組み込まれた精密部品などについては、一部のマニア的消費者や技術者を除いて、生産者の名前を知る人は少ない。ましてや、精密部品をつくり出す上で重要な金型製造や、周辺加工分野の中小企業は、忘れられがちである。しかし、日本の産業が多くの分野で、国際競争力を維持してきたのは、こうした中小企業の地道な活躍があったからである。

中小企業の競争力を整理しておこう。「事業構想力」、「技術競争力」、「品質競争力」、「価格競争力」から構成される。

（一）「事業構想力」——製造業では戦略的研究開発競争力、商業やサービス業では事業モデル構築能力である。将来、どのような新製品や新サービスを市場に提供できるのかを構想できる能力である。

（二）「技術競争力」——事業構想力を製品やサービスへと実現させる技術力である。

（三）「品質競争力」——技術的に高度な製品やサービスであっても、品質が一定でなければ消費者に受け入れられない。品質を維持する競争力である。

（四）「価格競争力」——同品質であれば、価格水準が市場での決定的な競争力となる。製品のコストパフォーマンスを決定づける競争力である。

かつては、発注側企業の設計や仕様に基づいて、要求される品質と価格を達成できることが、中小企業の競争力であって、ＱＣＤ（Quality, Cost, Delivery）マネジメントの重要性が指摘された。要するに、発注側の大企業の要求する「品質」・「コスト」・「納期」を遵守することで、中小企業の存立が保証されたのである。しかしながら、大企業が海外生産比率を高めるにつれ、下請・外注先として生き残るためには、ＱＣＤマネジメントだけでは十分ではないことが認識され始める。海外の部品企業との競争のなかで、生き残るため、事業競争力と技術競争力の強化が一層求められた。「どのようにつくるか」（技術競争力）、それに先立って、「何をつくるのか」（事業競争力）という課題への積極的な取り組みである。単に生産性の向上を目的とする設備投資であれば、投下資金に対するリターンが計算できる。だが、「何をつくるか」という研究開発力は、失敗すれば投下資金がサンクコストとなる。

資金力で劣る中小企業が、外部資金に依存せざるえない財務体質を改善しながら、成功率を高めるためには、適切な人材の獲得や外部資源の活用をいかにはかっていくかが重要となる。ベンチャー企業だけが研究開発型企業として着目され、ベンチャー投資の必要が論じられてきたが、既存の中小企業の競争力を改善することが、より現実的な方向として重視されてよい。

第四章　中小企業と経営史

だれもあなたを理解できないとすれば、あなたがどんなに賢かろうが関係はない。
（ギャリソン・ウィン、*The Real Truth about Success*, 2010）

中小企業史は個別企業の栄枯盛衰史でもある。創業後の苦難の日々に沈む事業体もある。人の成長と同様に、事業の成長にも節目がある。節目ごとに知恵と工夫を凝らして、事業を継続するのはたやすいことではない。小さいながらも何代も事業を重ねた老舗もある。小さくても、世界的企業もある。中小企業の栄枯盛衰史には、経営者の経営観が反映される。経営観こそが中小企業の特徴を形成する。

企業規模と経営観

1　本章の冒頭にギャリソン・ウィンの言葉を紹介した。異色の経歴を持つ米国人コンサルタントだ。若い頃にコメディアンを目指し挫折。その後、大企業に入り、早々に頭角を現した。ウィンは自分の中にビジネスの才を見出し、自らも起業した。彼の言葉は、コメディアンとしてのステージ観と大企業観が入り混じったものだろう。大企業では、ステージと同様で上意下達とはなかなかいかない。

私が積み重ねてきた中小企業関連調査のフィールドノートには、一代で小さな企業から中堅企業へと育て上げた経営者たちの肉声が記録されている。婦人服やタオル製品、配電盤、半導体設計、情報通信技術などのさまざまの事例がある。これらの事例からみるに、急成長企業の経営者は、自分の事業について、数字の上でなんとか理解できても、感覚的にどのような方向にあるかを見失うものである。経営学で組織論やリーダーシップ論が盛んな理由である。

ただし、組織論は大企業中心であった。大企業で組織論がもてはやされるのは、組織内の情報伝達スピードが小規模組織では素早いが、大規模組織では遅くなるからだろう。フィードバックのスピードも含め、大企業の組織対応は遅い。比喩的にいえば、中小企業と大企業はヨットとマンモスタンカーの操船上の違いである。船乗りの友人によれば、ヨットのような小型船舶と異なって、大型タンカーは操舵後の方向転換に相当の時間を要するという。環境が変わったからといって、従来の思考や行動の慣性力はなかなか変えられない。

経営環境はいつも同じではない。つねに変化しつづける。多くの経営者がそれに気づかないわけではない。自らの経営観を模索しながら、新たな経営環境への対応を試みる。そうしたトップの経営観が組織の「空気」をかたちづくる。組織の空気とは、つまり社風である。

しかし、経営トップが高邁な経営哲学を語ったとしても、そこに働く人が理解できなければ、組織は変わりようもない。すくなくとも、働く人たちに幸福感がなければ、経営は言葉の上で高邁なものであろうと、それは単に空論だ。

ウィンは、人材開発分野で起業した前後から、多くのトップ層に「成功した秘訣」を聞いている。彼らの経営哲学にまでは、深入りをしていないが、膨大なインタビュー調査から探った、成功要因についての興味深い結果が示された。成功者の多くが、「恵み」＝「運」を挙げたというのである。「時期に恵まれた」、「上司に恵まれた」、「良い商品に恵まれた」等々というわけである。だが、ウィンは、それはあくまでも建前であって、実際には、「アドバンテージ」と「努力」が成功要因であるとみる。アドバンテージの具体的内容は、「才能」、「学歴」、「資産」、「家庭環境」、「ネットワーク」などさまざまである。「努力」とは「アドバンテージ」活用への意識である。

ウィンによれば、成功とは「アドバンテージ」×「努力」の結果である。いくらアドバンテージが大きくても、その活用度が低ければ、成功は得られない。逆に、アドバンテージが小さくても、その活用度が高ければ成功できる。これは個人レベルでも組織でも、直感的に首肯できる。そして、これが中小企業のなすべき経営である。経営資源の多寡からしても、中小企業は内部経営資源の活用で制限がある。経営資源が質量ともに小さくても、その活用度を最大とする努力が事業を成功させる。同時に、中小企業に働く個人のアドバンテージを高めることも重要である。人材の育成を最重視する経営観こそが中小企業の経営観でなければならない。

逆に、経営資源に恵まれた大企業でも、それらが活用されなければ、経営上の優位性は発揮されない。大企業が品質問題などで経営危機に陥る根本原因は、この点に帰する。

企業規模が小さいことは、経営資源の多寡からみて、事業拡大の上で障害となる。人材の育成も、一朝一夕で可能であるはずはない。だが、内部資源の拡大だけが事業成功の必要十分条件ではない。事業成功の方程式があるとすれば、事業成功＝「内部経営資源（小）×活用度（大）」であろう。すなわち、内部資源の活用が高度に発揮されていれば、外部資源の活用によって事業拡大も可能となる。その際、外部経営資源へのアクセスという産官学連携が中小企業の経営安定にとって必要である。中小企業支援策でも、その取り組みは強調される。だが、果たしてそれが可能なのだろうか。

2　ウィンの成功論に戻る。彼は経営トップ層に「あなたはどうして成功したのか」と単純な質問をしている。単純な質問であるがゆえに、「成功」の解釈は、質問の受け取り方によって異なる。ウィンの解釈は単純で、成功とは組織のトップとなることである。しかし、人生において、何をもって成功というのか、となると複雑な設問である。

企業経営者にとって成功とは何か。成否の判断の基準があるのか。ウィンのように解釈すれば、企業にとっての成功とは、事業分野でのトップシェアである。しかし、マーケットシェアなどは変動する。昨年はトップで成功、今年は第二位で失敗、とはいいづらい。（対売上額）収益率や、株主重視の自己資本収益率（ROE, Return on Equity）の数値基準もある。

そもそも、判断材料とする経営指標により、成功の中身は異なる。売上額や資産額、雇用数の多寡によって、企業の成功基準とするのか。そうであったとしても、企業の規模を大きくすることが、即、成功であるのか。企業規模の指標は、従業員数、売上額、利益額、資産額などであるが、これらの指標はいずれも結果としての数字である。企業としての成功・不成功を売上額、従業員数などの数値の大小で判断できるなら、簡単である。重要なのは中身と過程である。

また、良い企業とは何か。売上額や従業員数が多いからといって、良い企業とは限らない。どの測定基準で判断するかによって、良い企業の「良い」が判明する。「良い」には定性的な判断部分が多い。さらに、だれがその判断をするのか。そこには「企業とはだれのものか」という問いがある。経営者なのか、従業員なのか、地域住民なのか、株主なのか。判断の主体によって「良い」の中身は変わる。

測定基準の一つに「働き甲斐」がある。「働き甲斐」と「生き甲斐」を対比すると、そこには互恵性があるだろうが、方向性が重要である。〈働く→生きる〉なのか。あるいは、〈生きる→働く〉なのか。私たちの生き方が変わると、働き方が変わり、同時に、私たちの生き方は、働き方が変わることで変わる。

日本社会は、「生きる」ことと「働く」ことの関係性が世界でも大きく変化してきたダイナミック社会である。たとえば、昭和三〇［一九五五］年から昭和四五［一九七〇］年のわずか一五年間で、農村から都市へと一五〇〇万人以上が移動した。この数字は現在の東京都、横浜市と大阪市という人都市の人口総数に匹敵する。このような人口の大移動が社会のあり方を変えなかったはずはない。〈農村で生きる→都市で生きる〉への移行は働き方の変化を反映した。移動の中心は未婚若年層であった。結果、家族の形態も大きく変化し、それまでは三世代同居が当たり前であった農村などにみられた家族構成が、核家族中心の構成へとわずか一世代で変わった。現在では、単身世帯も珍しくない。

かつての農村社会は、生きることと働くことが密接に関係して成立していた。生活と生産などの経済活動が密接に関係するのは、一部の家族経営の自営業だけである。都市社会では生活の場から働くことが分離され、生活の場は消費だけの場である。単身世帯はこうした都市社会を象徴する。すなわち、家族との協働関係がなくても、生活に必要な商品がいつでも、どこでも購入できれば個人の生活が成立する。コンビニエンス・ショップ（コンビニ）(*)は、便利さだけで全国各地に展開しなかった。背景に社会変化があった。コンビニ数は、全国で六万店舗へと近づきつつある。

＊コンビニエンス・ストア（convenience store）は、一九二〇年代に米国テキサス州ダラスで、パン、牛乳、卵などの日常食品の販売を一日一六時間、年中無休で始めたのがその創始とされている。日本では昭和四九［一九七四］年に、米国サウスランド社と契約したヨークセブン（四年後にセブン・イレブン・ジャパン）がコンビニ店を東京都江東区豊洲に開店した。一九八〇年代には大手スーパーマーケットが次々と米国企業と提携するなどして参入することになる。

社会構造の変化は、働き方にも影響を与えざるを得ない。社会変化は地域ビジネスを変え、中小企業の存立分野に影響を与える。経済は社会のなかに埋め込まれていることを再確認しておくと、企業経営は個人や家族のあり方の変化を無視して成立しえない。

ここで良い企業の「良い」の判断基準に戻っておく。それは社会変化に向き合い、その課題の解決に寄与しているか否かによる。経営者は社会変化とつねに向き合い、その課題を解決しようという経営観をもち、その経営観を働く人たちと共有できなければならない。組織が大きくなれば、経営トップの経営観を組織内のすべての人が共有することが困難となる。それに比べて、中小企業の場合は、経営者と働く人たちの距離は近い。そのため、以心伝心とばかりに、経営トップの考えがきちんとした言葉で表現されず暗黙の了解となりやすい。中小企業経営者は経営方針を言葉で表出する必要がある。「経営理念」制定運動などが、中小企業経営者組織で盛んであるのも理解できよう（＊）。

＊たとえば、昭和三二［一九五七］年に東京で創立された日本中小企業家同友会にルーツをもつ中小企業家

同友会は、その後、中小企業経営者が参加する任意団体として各都道府県で組織されてきた。その運動の中心の一つは、経営理念、経営方針、経営計画からなる「経営指針」の成文化への取り組みである。

企業規模イメージ

1　企業イメージは、企業規模で異なるのか。

イメージ（image）は、"imitation" "imagine" や "imagination" と同じ語源のラテン語から派生した。原義は「像」である。要するに、イメージとは想像上の心象である。そうである以上、イメージは、人が周囲からの情報によって作り上げたものだ。イメージには、プラス面とマイナス面の双方が混在する。プラスとマイナスのさまざまな情報がインプットされ、その差し引きでプラスが優先すれば、プラス・イメージとなり、マイナスが優先すれば、マイナス・イメージとなる。

企業規模のイメージをみておこう。大企業は名前を知られている。所属組織の大小によって、社会福祉の内実が異なる日本社会では、「寄らば、大樹の陰」の社会意識が成立しやすい。ビッグ・イズ・ビューティフル（Big is beautiful）意識である。そこでは、「スモール・イズ・ビューティフル」（Small is beautiful）意識は育ちにくい。理想的には、ビッグもスモールもビューティフルに越したことはない。

就職活動中の若者世代の企業に対するイメージは、どのようなものか。日本社会では、総体としての中小企業イメージは、大企業との関係ではマイナス面が目立つ。イメージは投入される情報の量と質によって形成される。そうであるならば、中小企業のマイナス・イメージは、中小企業にかかわるマイナス面の情報がインプットされた結果である。イメージ源となる情報の提供者は、マスメディア、家族、学校、職場である。イメージ形成は、情報源を通じての、個人の学習過程そのものである。若者は、生まれ育った家庭環境や地域環境によって、考え方、そして行動基準が形成され始める。

幼児は家庭内での父母との言葉のやりとりから、言葉を覚えていく。親の社会意識なども同じようにして子供たちの意識に自然と取り込まれる。幼児期は、家庭が学習環境の中心であるが、やがて、子供たちの学習環境は学校や地域へと広がる。子供の社会意識は家庭、学校、地域の場を通して形成され、行動は形成された認識の先にある。就職での選択は一連の〈学習→認識〉から導き出される行動の一つである。大企業と中小企業に対するイメージは、日本社会の社会構成原理や社会的規範を反映している。それゆえ、中小企業を取り巻く労働市場の状況、とりわけ、新規学卒者の就職行動に密接に関連する。

2　未だに新卒一括採用が優位を占める日本社会では、若い人たちの就業意識は大企業志向である。大企業に職を得て、長期間、内部労働市場で働くことが一つの「レント」であると考えられているからだ。

レントの概念にふれておく。経済学用語としてのレントは「地代」を意味する。地代とは、土地所有者が土地の私的占有――他者の排除――によって、得ることのできる「経済的余剰」である。
土地の価格＝レント（地代）は、農作物生産の場合には豊沃度、工業や商業では立地面の便利さによって異なる。土地の賃借料の差――余剰――はこうして生じる。地代には「差額地代」と「絶対地代」の概念がある。土地からの収益の多寡は差額地代として成立する。また、土地の供給は有限である以上、優れた土地からやがて劣る土地へと利用が進み、劣った土地にも地代が生まれる。絶対地代である。

大企業への就職が、豊沃な農地の入手などと同様に、その機会が限られていれば、大企業のもつ差額地代である生涯所得は大きくなる。すべての人が大企業に就職できるわけでないからだ。企業総数のうち九九％以上を占める中小企業には、七〇％以上の人たちが働く。大企業は日本では一万社あまり、さらに上場企業になれば、その数は多くはない。必然、大企業にはレントが生じやすい。給与面や厚生面で、差額地代としてのレントが形成されれば、就職を控える若者たちにとって、大企業への就職が魅力的なものと映って当然だろう。

大企業は土地ではないので、「所属レント」と呼んでおこう。若者たちが大企業への所属を求めるレント・シーキング的行動(*)は、経済合理性を持つ。

*レント・シーキング（rent seeking）―独占や政府の規制などによって排他的利益を得ようとすることを指す。問題はレント・シーキングが一部の個人や組織を利することで国民経済全体には資源の非効率的な配

分などをもたらすことである。

政府が広報誌などで中小企業の魅力を熱心に訴えても、効力がないのもそのためだ。大企業と中小企業の間に「所属レント」は、なぜ生じるのか。この問いは二重構造問題(＊)としてとらえられてきた。具体的には、大企業と中小企業の間にある収益格差とこれを反映した賃金格差である。

＊二重構造問題は、かつての「中小企業論」には必ず登場した最重要テーマであった。尾高煌之助は、「二重構造」についてつぎのように研究史的に位置付けている。「『二重構造』とは、（イ）外国から移植された技術（生産技術、生産管理、および製品デザイン）を中心にすえた大規模で官僚制的・合理的組織にもとづく資本主義的経営と、（ロ）在来技術を基盤にした中小規模の家族共同体的経営とが共存する状態をさす。（イ）の『合理的』とは、『計算可能性を規範にする』というほどの意味である。経済計算にそぐわない情実とか縁故などの要因は、原理的には排除される。……二重構造のもとでは、同一種類の経済活動に携わる経済主体（企業体もしくは個人）が⑴経済原理行動、⑵技術、またはその双方を異にする結果、生産物や労働の質は同一でも、製品価格、収益率、所得水準などに、顕著でしかも継続的な格差が発生することが少なくない。安政開国後の日本経済史のなかでは、……俗に『戦間期』と呼ばれる一九一〇年代後半から太平洋戦争直前までと、太平洋戦争直後の約一〇年間とは、『近代』『在来』間の格差がとりわけめだつ時代であった」。二重構造問題は、中小企業に関しては、大企業との収益格差や賃金格差など、経営格差問題の別称として論じられてきた。中村隆英・尾高煌之助編『二重構造』岩波書店（一九八九年）。

同一職種・同一賃金志向の強い北欧諸国のような政治体制下であれば、企業の賃金支払い能力に格差があっても、賃金格差は大きくならない。同一職種・同一賃金体系は、米国や欧州諸国での職種別の労働組合運動の結果でもあった。日本の場合には、企業内組合が普通であり、中小企業では組合そのものが結成されていないこともあり、職種別組合はきわめて弱い。そのため、労働市場における労働力の移動がなければ、個別企業の枠を超えた同一労働・同一賃金体系の成立は困難である。

また、収益格差により、企業ごとに賃金支払い能力に格差が生じる。この種の格差は、企業間だけではなく、産業間、あるいは地域間にも存在する。しかし、たとえば、繊維産業の大企業とハイテク産業の中小企業、あるいは、過疎地域の大企業と都市地域の中小企業など、比較対象により格差の意味合いは異なる。厳密な比較は困難である。それでもこの種の経済格差が問題視されてきたのは、日本では欧米諸国以上に、大企業と中小企業の間にある収益格差や賃金格差が大きいことに起因した(*)。

*日本の中小企業政策については、大企業との間の経済格差の是正・解消が重視されてきた経緯がある。昭和三八［一九六三］年制定の旧中小企業基本法には、総則の前につぎのような前文が掲げられていた。一部を引用しておく。「近時、企業間に存在する生産性、企業所得、労働賃金等の著しい格差は、中小企業の経営の安定とその従事者の生活水準の向上にとって大きな制約となりつつある。……このような事態に対処して、特に小規模企業従事者の生活水準が向上するよう適切な配慮を加えつつ、中小企業の経済的社会的制約による不利を是正するとともに、中小企業者の創意工夫を尊重し、その自主的な努力を助長して、中小企業の成長発展を図ることは、中小企業の使命にこたえるゆえんのものであるとともに、産業構造を

高度化し、産業の国際競争力を強化して国民経済の均衡ある発展を達成しようとするわれら国民に課された責務である。」旧中小企業法の制定までの経緯等については次の拙著を参照のこと。寺岡寛『日本の中小企業政策』有斐閣（一九九七年）。

格差問題は、大企業性業種と中小企業性業種との間にある格差問題としてよりも、むしろ同一産業の大企業と中小企業との間にある問題として解釈されてきた。とりわけ、加工組立産業における下請取引での対等でない取引関係に、格差の原因が求められた。大企業の買い手独占や買い手寡占的状況によって、中小企業が取引条件上で劣勢に立たされたのだ。その場合、本来は、より有利な取引条件を求めて取引先企業を選定すればよい。

しかし、より有利な取引条件を確保するには、企業の競争力が問われる。競争力には「価格競争力」と「非価格競争力」（技術力など）がある。同一品質でより安い部品や加工の提供を望む企業は多い。強い価格競争力の中小企業は、売り手独占によって、有利な取引条件で販路を確保できる。また、非価格競争力でも、高度な技術をもつ中小企業であれば、技術の陳腐化が起こるまで、有利な取引条件を維持できよう。しかし、同じ競争力の中小企業が多く存在していれば、大企業など取引先との関係では劣位な立場に立つ。下請型中小企業から脱し、対等な取引関係を結べる独立型中小企業への転換には、競争力の向上が必要だ。この方向性の確保が困難であるがゆえに、下請型中小企業は問題視される。

一般に、製造企業では内製（自社内生産）か、外製（外注・購買）かの方針が立てられる。三つの選択肢がある。①自社内生産なのか、②コスト、品質や納期の面で外注なのか、③一般品の購買なのか、である。自社生産のみの高技術製品や、自社内で安価な生産が可能な場合は、外注や購買はありえない。市場で購入可能な一般製品の場合は、購買が優先する。大企業であれ、中小企業であれ、この基準は同様である。

重要なのは、中小企業が発注側と対等な取引条件を確保できるか否かである。繰り返しになるが、大切なのは競争力である。価格競争力と非価格競争力の両方を維持できれば、それに越したことはない。非価格競争力は、研究開発能力に裏打ちされた設計能力、生産技術能力、品質保持能力、供給面の物流能力である。価格競争力は、こうした非価格競争力の維持・改善に必要な収益を確保できる価格の設定交渉力でもある。価格競争力といえば、コストダウン能力に限定されがちであるが、より重要なのは価格の設定交渉能力である。中小企業がより重視すべきはこの点である。

3　中小企業は、どこの国でも大企業との比較でとらえられてきた。中小企業に対する政策も、大企業と比較して不利な面を是正することが重視される。とりわけ、資金調達面での政策対応がそうであり、公的融資制度もそうした政策配慮から整備された。

当初の中小企業融資制度では、統一的な規模規準がなかった。その後、中小企業法制の整備とともに、中小企業が法的定義された。「中小企業」は、「中小企業基本法」で業種別に、資本金規模と常時従業員

数規模によって定義される。(*)

製造業・建設業・運輸業その他の業種（卸売業・サービス業・小売業を除く）――資本金で三億円以下、常時雇用従業員数で三〇〇人以下（ただし、ゴム製品製造業は九〇〇人以下）のいずれかを満たす企業である。ソフトウェア業・情報処理サービスも同様である。

卸売業――資本金一億円以下、常時雇用従業員数一〇〇人以下のいずれかを満たす企業である。

小売業――資本金五千万円以下、常時雇用従業員数五〇人以下のいずれかを満たす企業である。

サービス業――資本金五千万円以下、常時雇用従業員数一〇〇人以下のいずれかを満たす企業である。

ただし、旅館業は従業員数で二〇〇人以下である。

小規模企業も業種別・常用従業員規模別に定義されている。

製造業・建設業・運輸業その他の業種――二〇人以下の企業である。

卸売業――五人以下の企業である。

小売業――五人以下の企業である。

サービス業――五人以下の企業である。宿泊・娯楽業については二〇人以下の企業である。

*中小企業政策を実施しているアジア諸国や欧米諸国では、法的規準や公的金融機関からの融資対象規準において、中小企業――国により中企業と小企業の定義もある――が定義されている。売上額、資本金や資産額、従業員数などの量的定義がされているが、国によっては質的定義が採用されている。米国では、小

さくても市場占有率が高い企業、大企業の子会社や関係会社は除外される。欧州連合加盟国でも大企業の出資比率が二五％を上回る子会社や関係会社は中小企業から除外される。

中小企業は、日本経済に、どの程度の比重を占めるのか、確認しておく。

中小企業数は昭和六一［一九八六］年あたりをピークとして漸減している。総務省『経済センサス統計』では、企業数三八〇万社弱で、このうち小規模企業が八五％以上である。中小企業の存立産業分野は圧倒的に商業やサービス業である。モノづくりの重要性が言われるが、製造企業およそ四一万社のうち中小企業は四一万社弱、日本の製造業の圧倒的多数を占める。雇用面では、中小企業で働く割合は全体の七〇％以上を占める。しかし、自営業など小規模企業数が減少して、中小企業全体の雇用数は減少した。企業数の減少は、新たな企業の開業以上に廃業があるからだ。需要と市場のある分野では、廃業率は低く開業率が高いことを考慮すると、人口減少などで需要縮小傾向にある産業分野では、小規模層を中心に企業数の減少が続く。

中小企業の出荷額をみておくと、製造業では平成一二［二〇〇〇］年あたりを境にして、中小企業の比重は低下してきた。卸売業や小売業の販売額では、中小企業が現在は過半以上を占め、地域経済に大きな役割を果たす。賃金支払い能力に影響する付加価値額については、平成二〇［二〇〇八］年のリーマンショックからの回復が遅れたこともあり、多くは収益の確保に苦しんだ。改善が見られるのはその五〜六年後で、大企業よりも回復スピードは遅かった。売上額の回復が遅れた中小企業では、労働生産性や付加価値率での大企業との格差の是正は進んできたとは言いづらい。賃金格差に関係する指標である、事業所規模別の常用労働者一人当たり平均現金給与総額や労働分配率（人件費／付加価値額）の推移をみておくと、(＊)産業間の差異があるものの、全産業でみた賃金水準は、企業規模が大きいほど高い。規模間の賃金格差は縮小傾向にあるとは言い難い。労働分配率では、一般に中小企業が高い傾向にあることに変わりはない。付加価値額の伸びが低迷しているなかで、人件費が伸びていないことの反映であろう。

＊中小企業の場合は単一事業所が多いので、実質上は企業別の動きとみて差支えない。中小企業に関する経済指標については、一般財団法人商工総合研究所編『図説日本の中小企業』（各年版）を参照。

企業規模と経営論

１　人の数だけ人性論があるように、企業にも数多くの経営論がある。世に溢れる経営論は、脱サラ成功論、ベンチャー魂論、大企業経営者の自画自賛論と、多種多彩である。なかでも成功論がもてはやされるのは、成功へ至る道が多難で、実際には難しいこと、成功を望みつつも呻吟する人たちの多いことの傍証である。

成功論には成功のイデオロギーが付随する。

イデオロギーは、「そうであること」（＝現実命題）と「そうでなければならないこと」（＝規範命題）との距離感が大きいときに生じる。日本社会で「ベンチャー企業」論や「頑張れ、中小企業」論が飛び交うのも、イデオロギー論的には、ベンチャー・ブームが官主導から脱却して、民主導の活発な動きになっていないことの傍証である。元気のある中小企業を求める声高な動きも、実際にはうまく行っていないことの裏返しである。

景気の後退期や経営環境が大きく変わった時期には、多くの中小企業が変わらねばならないのに、現実に変われない。変われないという「現実」論と変わらねばならないという「べき」論との摩擦が、中小企業イデオロギーを生み出す。しかし、「そうであるべき」論の前提となる中小企業の理想像はどのようなものか。理想像の振れ幅が大きいから、中小企業の理想像を求めるイデオロギーが消えては、新しく生まれる。結局、この種の議論は中小企業とは何かという問いに収束するのである。

二つの見方がある。一つは「過程」の中小企業像、もう一つは「結果」の中小企業像である。前者は企業成長論である。企業は売上額、資産額、従業員数など量的規準で成長すべきとする見方である。したがって、中小企業は成長過程の企業であり、やがて中堅企業や大企業へと成長することが理想像であった。

後者の結果論としての中小企業像には、二つのタイプがある。一つめは意識的に規模の拡大を求めず、中小企業にとどまったケース。これは中小企業の成功モデルにはさほど登場しない。二つめは規模拡大が自己目的化して、規模を拡大させたが、結局のところ、うまく行かず事業縮小して中小企業へ逆戻りしたケース。中小企業の実態調査では、こうした失敗のケースの原因を探るような報告書は多くない。経営者が調査に応じてくれないからだ。「敗軍の将、兵を語らず」。倒産した経営者は自らの経営論を語ることが少ない。

私の知る少ないケースからだが、失敗のケースは、ほとんどが盲目的な成長信仰の経営者であった。売上額が急拡大すると、野心的な経営者はすぐに販路の開拓や新製品の開発に乗り出し、経営規模の拡大に突っ走る。経営規模の拡大が自己目的化し、足元の経営の質的な充実ではなく、量的な拡大に関心が移るのである。重要なのは「大きい会社」よりは「良い会社」であること、この経営意識が打ち捨てられる。結果、企業規模の拡大を支える人材の育成がないままに、組織が水膨れする。結末は経営バランスを欠いた行き詰まりである。

他方で、無目的な規模拡大ではなく、「良い会社」を求める経営理念の下、既存製品の汎用性の拡大をはかり、市場の継続性を探り、働く人たちの労働条件の向上に心を砕き、社会への貢献を心がける中小企業に浮き沈みはない。経営理念とは経営者が常日頃考え、実践していることの延長である。意識して経営の質の向上を求め、規模の拡大を自己目的化させない中小企業の存在は重要である。

2　中小企業経営者は、大企業に対してアンビバレント（二律背反的）な自己意識をもつ。すなわち、ある種の劣等感を抱くと同時に、一国一城主の優越感をもつ。前者の劣等感はどこかで企業の拡大を強く願う意識となる。ただし、経営資源の活用で制約がある中小企業経営者は、大企業とは異なるやり方を目指す求道的な意識も潜在的に併せもつ。

こうした中小企業経営者の出自は、三つの範疇に分類できる。（一）創業経営者、（二）先代からの承継経営者、（三）従業員や外部から経営者となった非係累型経営者、である。（一）の場合、学校を卒業後の起業者は少ない。一定期間勤務したあとに独立するケースが多い。起業前の勤務先は、日本の場合、官庁組織や教育機関は極端に少なく、民間企業が多い。民間企業では大企業よりも、中小企業からの独立組が多い。大企業、役所や研究機関からの独立創業が少しでも増えれば、中小企業文化も多様化し、日本社会にも経済的活力が生み出されようが、いまのところ、望み薄である。

今日、開業率低下の製造業での中小企業経営者の多くは、（二）に属する。蓄積技術や技能が継承されやすい反面、同族経営の下で、新たな取り組みなどの面で保守的になりやすい。（三）のように所有と経営の分離が行われ、従業員や外部から経営者が選ばれる例は、日本では多くはない。中小企業も経営者の出自により経営のやり方も異なる。重要なのは多様性である。

労働市場をみれば、大企業の特徴である内部労働市場――長期雇用――も変化した。企業規模に関わりなく、働くことを通じて技術や技能を蓄積し、それらを有効に活用し、活躍できる場は、同一組織に限定されるはずもない。異なる規模をもつ企業間の労働力移動が適切に行なわれることで、働く人たちにライフスタイルに応じた働き方が提供される。そのためには、雇う側と雇われる側双方の社会的意識の変革が必要である。今後、人工知能や自動化機器があらゆる職場で導入されれば、定型的な仕事や職種がそれらに取って代わられることになる。労働力の流動化の圧力も確実に高まる。非定型的な仕事は雇用保障の前提となるだろうが、大企業にとって定型的な仕事でも、中小企業にとっては必要とされることもある。

　政府や地方自治体の中小企業に対する経営改善支援として、低利融資や補助金、各種税控除が実施されてきた。しかし、総じてみれば、ボトルネックはいつも人材問題であった。中小企業の経営改善支援のためには、資金もさることながら、人材の流動化による中小企業の活性化が重要だ。人材の流動化は個人の職業選択の自由意思によるものであって、政策という政府の介入によって進展する性格のものではない。中小企業政策の限界の一つである。

3　企業規模論で規模の経済性が働くのは、資本集約的産業分野や一般消費財産業分野である。主なプレーヤーは大企業であり、大量生産体制と大量販売体制で、企業規模を拡大させた。

では、企業規模を強く意識しない経営とはどのようなものか。一つは産業特性に特化した経営方法への自覚である。経済学でいう「適正規模論」や「最適経営規模論」である。つまり、事業分野ごとに、適正な事業規模が存在する。適正規模論によれば、加価値生産額（量）は事業単位で一定規模を超えると、経済効率性が低下する。この見方は、「規模の経済性」が必ずしもすべての事業分野で妥当しない傍証でもある。

適正規模論は、大企業による中小企業駆逐説の反証として英米諸国で登場した。日本では、大企業と中小企業が下請・外注関係を取り結び併存していることを考慮すると、理論的に精密な実証を必要とする。しかし、実際には、意識して中小企業であり続ける経営者もいる。要するに、大資本＝大企業との競合を避け、小資本で事業維持を可能にするマネジメントである。

適正規模論は、大正期から本格的に始まった日本での中小企業研究でも支持された。大正期には、日本でも大規模な工場生産が発展し、中小工場の未来が危惧された。社会政策学者などがこの課題に取り組んだ結論は、①需要の変動が激しく、大企業が多大な設備投資を行うことが困難な分野、②嗜好品や工芸品のように小ロット生産が有利な分野、③市場が地域的に分散している分野で、小工業の生き残りの予測が立てられた。

当時の学者たちは、機械生産の大工場の高い生産性に目を見張りつつも、小工業＝手工業の低賃金による競争力に着目した。それは、小工業分野が日常用品の生産であったことも大きい。日本社会が欧風化されても、庶民の日常生活は江戸期以来の在来製品に依っていた。その在来製品は伝統製法で手工業者たちによって生産された。その後、さらに欧風化が進むと、欧州のコピー製品へ在来製品からのシフトが進む。大正後期からは動力化が進展し、町工場でも小型電動機による機械生産が展開した。大工場と町工場との分業関係も形成され、下請制度が従来の問屋との間だけでなく、工場との間でも形成される。工場制下請制度は、日中戦争から太平洋戦争下の軍需生産体制の下で広範に展開した。同時期の米国の軍需生産体制はもっぱら大企業の工場中心であったが、日本の軍需生産体制は大企業と中小企業との協力関係の上に成立した。それは米国大企業の資本力と比較して、日本側の資本蓄積の低さにも起因した。中小工場は軍工廠や大工場の協力工場として再編された。

戦後の軍需生産から民需生産への転換では、日米で対照的な動きがみられた。米国の軍需生産をほぼ担ったのは、政府主導の下、公設民営工場を運営したフォードやゼネラルモーターズなど巨大企業であった。これらの巨大企業の戦時体制下の資本蓄積は巨額であり、戦後は自工場を中心に、民需への転換(*)を担った。米国の家電産業や自動車生産では、大企業の工場内一貫生産の比率が高かった。

他方、資本力に劣る日本の家電や自動車メーカーは、技術開発、組立工程や販売活動に資本投下を集中させ、協力工場に部品を外注することで短期間の戦後復興をはかった。しかし、中小規模の協力工場は設備機械や品質管理などの点で、大企業の工場とは大きな差があった。大企業は将来的ポテンシャルの高い中小企業を選別して技術指導を行い、さらに、そうした中小企業も資金調達面の信用力は劣るため、金融機関へ融資面での協力を求めた。ただし、技術移転を受けた中小企業は、他社からの受注機会も増える。これは技術移転側にとっては損失となる。優秀な中小企業の囲い込み＝系列化が進展していく理由の一端は、ここにあった。

＊当時のルーズベルト政権は、戦中に高まった大企業への経済力の集中をいかに分散させるかに取り組んでいる。その一環として、政府投資による機械設備などを大企業の軍需工場から中小企業に無償で払い下げることなどを模索している。

発注側の大企業は「親企業」と呼ばれることも多かった。親企業の成長とともに、子たる中小企業も成長を遂げた。グループ企業内の協力会が組織され、個々の競争力を高めることがグループ全体の競争力の向上につながった。しかし、そのような自国内完結性が高い分業関係も、親企業のグローバルな展開によって変容した。大企業が海外での事業拡大を通じて巨大化していくなかで、中小企業は、部品や製品の国際競争力を高め、中堅企業としてアジアなどで活発な事業展開を遂げるところ、ローカルな市場に特化して、ニッチ製品を中心に生き残りの経営論を展開するところなど、多種多様なものとなった。

4　経営論は個別実践の論議ではなく、「経営理念」、「行動規範・指針」、古い表現では「社是」で論議されることも多い。

経営理念は、経営者個人の考え方が大きな影響を及ぼす従業員規模の小さな事業体である中小企業と、組織的にも地理的にも多くの従業員が働く大企業とでは異なる。大企業を「顔の見えない」組織とすると、中小企業は「顔の見える」組織である。大企業の経営理念では、経営トップ個人の経営観が全面的に出ることは少ない。大企業の経営トップ層は定期的に入れ替わり、必然、組織維持の経営理念が盛り込まれる。経営トップが入れ替わるたびに、経営トップ個人の経営観が経営理念となれば、組織のまとまりを欠き、多くの現場の混乱を招くからだ。

中小企業の場合、逆に経営者が長くその職にとどまる。そのため、経営者個人の経営観が経営理念として表出しやすい。そのため、経営理念が経営者の独善的なものとなる可能性もある。経営理念は働く人たちの欲求や動機を正しく取り込み、企業を取り巻く社会ニーズにも応じなければならない。経営者個人、従業員、社会ニーズの三つの均衡を欠いた経営理念は、経営上の意識決定の拠り所とはなりえない。

経営理念として、企業規模に関わりなく重要視されるのは、事業継続への願いである。そのために、企業には、経営環境に対応できる組織の柔軟性が求められる。柔軟な組織は、柔軟な考え方をもつ個々人によって支えられる。しかし、個々人が柔軟でも、その総合体が柔軟性を保持できるわけではない。そこで、個々の柔軟な思考力を統合できる経営理念が必要となる。とりわけ、イノベーションなどへの取り組みでは、どのような新しい製品を作るのか、あるいは、どのような革新的な販売方法を開拓するのか、といった、目的志向的なビジョンがなければ、企業としての方向性の統合は困難である。この点は経営社会学での重要なテーマである。一般に、組織は、単なる集団とは異なり、共通目的をもつ個々人の集合体であり、その下で協同・協働意欲が発揮されてこそ、方向性が明示化される。管理主義的、官僚主義的な経営理念からは、そうした方向性は生まれないのだ。

第五章　中小企業の生き方

過去のどの部分が現代への「教訓」となりうるのか。歴史的な視野を通じて明らかにしうることは多い。

（入江昭『歴史を学ぶということ』）

中小企業は身近であって、かつ遠い存在である。大企業ほどは名前が知られていない。中小企業とはどのような存在なのか。中小企業を論ずることはどのような意味をもつのか。今日、情報通信技術の発達は、遠いはずの世界を身近にした。世界各国の中小企業がウェブサイトを開設する。私たちは、いろいろな国のいろいろな中小企業の事業活動を容易に知ることができる。経済のグローバル化が加速化され、世界中のローカルな中小企業ともつながる、私たちはそのような時代に生きる。だが、足元のローカルな経済の問題には鈍感となった。

過去から現在へ

1

私立大学には「中小企業論」講座が多い。「中小企業学」とは呼ばれない。理由の過半は、中小企業論が他の学問体系とは異なる独自の分析手法をもたず、経済学、経営学や社会学の分析手法が応用されるからである。独自の分析手法をもつこと、また、分析概念や手法が他分野へ応用されること、これらが中小企業学成立の条件である。「中小企業」という言葉に固執すれば、大学で使用された経済学の教科書では、明治三〇年代後半あたりに登場する。この時は、「小中会社」であった。注が付されており、ドイツ語からの翻訳語であったことがわかる。小中会社は「大会社」への対抗概念として、単に規模の小さな企業を表現した。「中小」企業はどこの国でも大企業への対抗概念として登場した。

日本の場合、明治後半には農商務省『全国工場統計』(『工場調査統計表』)が整備され、工場規模別分布を知ることができる。それによれば、工場の多くは手工業の作業場であり、機械導入されたのは政府系の近代工場、軍工廠や財閥系企業の工場などに限られた。それが、大正半ばには機械化工場も増えた。当時、近代工場＝大工業に対して、従来からの手工業は小工業とされたが、小工場のなかにも、機械化——器械化——を進めるところが出てきた。結果、大工業でもなく、小工業でもない工場が登場し、中工業と認識された。ここに、大工業に対して中小工業の概念が成立する。大正後期には「中小工業」が、定着しはじめ、金融恐慌の起きた昭和二［一九二七］年前後には、地方の中小工業への金融緩和や緊急融資を求める陳情書が、経済団体や組合から政府へ山のように届くようになった。また、新聞や雑誌の記事にも中小工業が頻繁に登場した。こうした記事を通して、中小工業という言葉が日常的に使われるものとなった。

他方、商業では、昭和四〔一九二九〕年の昭和恐慌の下、町の商店は消費不振に苦しんだ。第一次大戦中の好景気の中で登場した百貨店との競争もあり、商店主は百貨店の規制を求めた（＊）。この運動の前後には、中小商店や中小商業という言葉も頻繁に登場した。

＊いわゆる「反百貨店運動」が起こり、昭和一二〔一九三七〕年には「百貨店法」が制定されることになった。同法は百貨店業を営む事業者、あるいは、その新増設を予定している事業者に対して、許可制を導入した。なお、同法は昭和二二〔一九四七〕年に廃止となった。

昭和恐慌の下、合理化を進めた大工場や百貨店と比べて、町工場や商店は経営打開策に苦しんだ。それらが、やがて「中小商工業」、「中小産業」と称された。では、中小企業という言葉はいつから登場したのだろうか。

昭和戦前期の文献に「中小企業」という言葉が散見されないことはないが、きわめて稀有である。企業という言葉が、よく使われるようになったのは第二次大戦後である。中小企業庁が生まれたのが昭和二三〔一九四八〕年であった。この前後には「中小企業庁設置法」案をめぐる論議が国会でも交わされた。言葉はまさに社会的存在である。「中小企業」の登場は、中小企業という経済主体の登場と軌を一にする。そして、中小企業の歩みは中小企業論の歩み、中小企業論の歩みは、中小企業研究者の歩みであった。その歩みは、中小企業研究者の問題意識と、背景である社会構造への認識の推移でもある。

2　中小企業論から中小企業学への移行には、中小企業を通じて社会構造を国際比較できる分析用語が必要である。

第二次大戦以前の中小企業論では、問屋の支配下にあった小工業の存立状況が問題視された。その後、大工場の出現とともに、大企業との取引関係の下での中小工業の不利な状況が問題視された。なぜ、企業間関係が平等ではなく、支配・従属関係なのか。この関係性が中小工業の発展を阻害しているのではないか。欧米諸国との比較において、どのようにすれば日本の中小企業が従属的立場から脱却して独立性を獲得できるのか。このように、中小企業は大企業との関係性の経済社会的文脈の中で研究された。この種の研究では、日本の社会構造や組織構造に関するつぎのような分析概念がある。

(一)〈同一組織内平等性と排他性〉——同一組織内でのグループ意識やメンバーシップ意識の強さ（＝平等性）、それを反映した他組織への競争意識の高さ（＝排他性）。同一組織内での平等意識は、他組織との関係における排他性によって維持される。

(二)〈水平関係の垂直的組み替え〉——同一組織内の平等性は、同一組織以外の組織を水平的関係ではなく、従属関係（＝垂直関係）に組み込むことで維持される。この関係は大企業と中小企業との間にある下請・外注関係(*)に豊富な事例を見出せる。

＊下請（subcontracting）とは、主契約者（prime contractor）から、製造やサービスの一部を外部業者に外注（outsource）することであり、その受注者を副次契約者（subcontractor）という。この用語は米国などでも契約用語として使われる。そこには、日本におけるような支配従属関係を示唆する語感はない。日本では、下請（subcontracting）と外注（outsourcing）が同時併記された「下請・外注関係」が慣用的に使われてきた。この場合、下請関係は支配従属的な色彩が強い取引関係、外注関係は平等な取引関係を示唆する。

（一）は、中小企業分析では系列化論である。敗戦後、財閥解体などの経済制度改革の下、銀行中心の企業集団が形成された。グループ企業集団はあらゆる産業分野へと進出して、ライバル企業集団との厳しい競争を展開させた。結果、競争関係を通じて国際競争力を高めることになったが、不況期には集中豪雨的な輸出によって対外的な経済摩擦も生んだ。企業集団の市場行動は、「ワンセット主義」とも呼ばれた。

ワンセット主義は同一組織内の取引を優先させ、他集団からの参入を困難とさせた。多くの部品を組み込む加工組立産業では、中小企業を多層にわたって組織した。すなわち、系列化である。系列化とは、ある企業が経済的優位性に基づき、株式の所有、役員の兼任・派遣、資金の提供、原料や技術の提供、取引関係を通じて、他企業を支配下に置くことを意味する。系列化には、する側・される側の双方にメリットが存在した。する側には、市場競争下の自社優位性の確保、される側には市場確保の保証があった。ただし、こうした閉じられた市場の下では、一般市場へのアクセスは限定される。開かれた市場下の競争リスクか、閉じられた市場下の安定か。選択肢の天秤では後者が選択された。

系列は閉じられた取引関係とはいえ、構成メンバーには経済合理性が存在した。継続的取引の下での、競争回避メリットである。系列する側が、自社技術をグループ内企業に移転しても、他者グループへの遺漏リスクは低い。共同研究・開発の成果もグループ内にとどめられる。換言すれば、系列化＝グループによる総合的競争力の強化が可能であった。しかしながら、開かれた市場へのアクセスとビジネスチャンスの獲得には制限がかかる。系列を飛び出して、独立的な経営を志向することは難しい。また、下請型中小企業は価格交渉力などで不利な立場になりやすい。こうした不利は部品や加工の一部を再下請先へと転化することで分散され、結果、組立産業では多層にわたる下請・外注関係が形成された。

しかし、系列取引にも変化の波は押し寄せた。発注側の企業が海外生産の比率を引き上げ、国内発注額が縮減してきたのだ。受注減の企業は、新製品開発や系列外取引の開拓に取り組まざるを得なくなった。背景には、現地資本企業との競争激化や、情報技術の発達、大型船舶の登場による物流コストの低下もある。

発注側企業が世界最適調達への志向を一層強めるなかで、中小企業もまたグローバルな経済・経営環境への対応を迫られ、系列化の下で醸成されてきた同一組織内平等性と排他性という日本的組織原理が揺らいできた。平等性と排他性を取り込んだ系列取引の比重は漸減してきている。とりわけ、技術革新のスピードが速い産業分野では、利他性の企業間関係が優位を占める。

他方、この垂直的組み替えは、従来の加工組立産業から情報サービス産業などへと拡がりをみせる。賃金格差を利用した取引関係は形成されやすいが、市場開拓などで優位性をもつ企業が小規模企業などを下請業者として組み込むのである。その場合の企業関係は、水平的な平等関係ではなく垂直的な関係である。知識集約的な作業と労働集約的な作業が混在する情報サービス業などの事業分野では、重層的なピラミッド型の取引関係が見られるのもそのためだ。

〈補　論〉

系列化や下請取引に関する研究蓄積は多い。その解明には、文化人類学的なアプローチも取られる。中根千枝の「単一社会論」や土井健郎の「甘えの構造論」はその事例である。他方で、経済的合理性と社会的合理性との結合を統一的に理解する経済社会学方法論もある。

後者によれば、日本の近代化は、早急で表面的な欧米流の経済合理性（＝メインシステム）の定着が、およそ西洋的な近代合理性とは言いづらい日本的な社会構成原理（＝サブシステム）によって補強されてきた。時として欧米流のやり方が短期間に日本社会に根付いたように見えたが、実際には、経済の構成原理と社会の構成原理が重畳的に結合された結果である。

重畳的な関係は、ドイツの社会学者フェルディナント・テンニエス（一八五五〜一九三六）の「ゲゼルシャフト」と「ゲマインシャフト」の関係でもある。ゲマインシャフト（共同社会）は、編成原理である血縁関係や地縁関係の感情結合（本質的意志）によって維持される。他方、ゲゼルシャフトは経済的合理主義や実用主義による結合（選択的意志）によって維持される。家族は親子関係のゲマインシャフト、企業は経済的利益を中心とするゲゼルシャフトである。重畳的な関係では、親子関係のようなゲマインシャフト的な原理が、経済的合理性を追求する企業の維持・運営に持ち込まれる。日本企業は、このようなゲマインシャフト的領域とゲゼルシャフト的領域との間にある中間領域を抱えた組織である。

そのような組織では、職種・職能で明確に分離されない、あいまいな中間領域がつねに拡張されやすい。職務上どこまでが自分の仕事であって、どこからが他者の仕事であるのかが判然としない。そこではしばしば一家総出のようなゲマインシャフト的関係がゲゼルシャフトそのものである企業での働き方に擬制化される。日本で過労死やサービス残業が法規制では解決できない背景の一つである。

下請関係においても、経済合理性が要求される取引関係が、無理の効くゲマインシャフト的取引関係へと擬制化され、水平的な取引関係が「垂直的な取引関係」へと組み替えられる。垂直的な取引関係の下では、親子関係のような「同一組織内平等性と排他性」によって参加メンバーは守られるが、それはグループ全体が成長している限りにおいて保持されうる組織維持原理である。成長が長期にわたって困難となると、下位へのしわ寄せという形で、「背に腹は代えられない」経済合理性優位の再編成のメカニズムが働く。

3　中小企業研究は、大企業の行動面の資本類型論につながる。行動面の資本類型としては、「産業資本的」行動原理、「商業資本的」行動原理、「金融資本的」行動原理がある。産業資本的行動原理は、生産優位の企業行動類型である。その要は「どのようにして生産するか」にある。今日、交通通信・物流システムのグローバルな発展によって、「どのようにして生産するか」は、必要な資材や中間財、部品などを「どのようにして手に入れるか」という商業資本的行動原理へとシフトする。そして、「どのようにして手に入れるか」は、「どのようにして生産するか」から「どのようにして販売するか」への資本行動原理の変化の反映でもある。市場が飽和状況の成熟製品分野や、技術革新による製品の陳腐化が激しい分野で、製品の設計スピードが重要性を増すなか、必要部品を「どのようにして手に入れるか」の商業資本的行動原理が優位を占める。本質は「安く手に入れて、高く売る」ことにある。

では、「高く売る」にはどのような製品設計と生産体制が良いか。それには、一見、産業資本的行動原理が重視される。しかし、実際には、グローバル化した部品調達網の整備によって、関連部品を安く手に入れるための、商業資本的行動原理が優位性をもつ。絶え間ない技術革新で製品サイクルは短縮化した。従来製品への投資が未回収のまま、次々と新製品への投資が必要となる。社内一貫生産体制も見直されてきた。現在では、産業資本的行動原理と商業資本的行動原理の境目は低くなっている。さらに、海外で事業展開する巨大企業では、世界各地の事業所間で異なる通貨で資金をやりとりすることもあり、金融資本的行動原理もとられる。

結局、新技術を取り込んだ新製品の全体構想とその設計仕様をいち早く確立させ、それに必要な部品の調達と生産体制を確立させた企業が優位に立つ。「どのように生産するか」＝産業資本的行動原理に対して、必要な技術と部品などを「どのようにして手に入れるか」＝商業資本的行動原理が先行する。世界は情報通信技術の発展によって近くなり、インターネットによるモノづくり（ＩＯＴ、Internet of Things）(＊)も加速化する。従来の産業資本的行動原理にも、「どのようにして手に入れるか」の商業資本の購買原理が浸透する。中小企業は大企業の行動原理の変化の下、経営の新たなかじ取りが迫られる。

＊ＩＯＴ――インターネットを活用しての生産を意味する。従来はパソコン、サーバー、プリンター、プロジェクターなどを接続することで情報を出力していたが、インターネット通信で生産に関わる機器や製造装置を接続し、人間を介せず生産を行うやり方やシステムである。こうした生産システムを安全に支えるにはさまざまなセンサー、人工知能、膨大な情報を処理できるクラウド・コンピューティング技術の発展が重要となってきている。

大企業は多国籍企業に等値されてきたが、現在では、大企業間の競争と協働の下、越境的巨大企業（transnational mega-corporation）が成立する。その翼下に、各国の子会社や関係会社が混在する。中小企業もまた、越境的経済活動を続ける巨大企業や大企業との関係の下にいる。巨大企業とは比較にならないが、越境的活動を展開する中小企業も一定数存在する。この意味では、中小企業にも新たな分類が必要となる。

（一）〈ローカルな活動〉が主軸の中小企業――もっぱら国内取引関係に依拠して、国内での経済活動を続ける中小企業。

（二）〈グローバルな活動〉へ移行した中小企業――生産をアジア諸国での自工場あるいは提携先での委託生産へと移行させ、国内事業活動は研究開発や製品企画機能に特化させる中小企業である。

（三）〈グローカル(*)な活動〉を併存させる中小企業――国内での主要取引を維持しながら、進出先での取引関係を開拓し、生産も国内・国外の工場のベストミックスを強く意識する中小企業である。

*グローカル――グローバル（global）とローカル（local）の合成語である。地球規模（グローバル）で考えながら、地域（ローカル）で活動するという、スローガンでもある。

産業別では、（一）の中小企業は多分野にわたる。季節変動が大きい、あるいは市場規模が小さい、地域需要に依存する、多品種少量の製品分野で存立する。（二）は繊維製品や雑貨製品などの分野に多くみられる。（三）は、自動車など加工組立産業分野で、取引先の海外生産比率の増大に応じて、自らも海外事業を展開する中小企業である。中小企業は、大企業群の行動変化に影響を受ける。（一）の中小企業はその典型例でもある。産業資本的行動原理から商業資本的行動原理への変化は、系列下で特定企業との取引関係に依存する企業にとり、系列の壁が低くなり他企業との競争関係が厳しくなることを示唆する。他方、系列外の企業にとっては、新たな受注機会になる。

商業資本的行動原理は、さらに投資の収益率重視の金融資本的行動原理を生んできた。商業資本的行動は〈資本投下→商品購入→商品販売→資本回収と利潤獲得〉の運動であるが、この過程の短縮化は、〈商品購入→商品販売〉ではなく、〈資本投下→資本回収と利潤獲得〉である。そして、企業もまた一つの商品として売買される。企業の買収と売却も盛んになった。高く売却するため買収＝購買するのは、まさに金融資本的行動である。今後の日本社会で、中小企業の売買などがどの程度、進展するのか。中小企業の承継問題と共に注視しておこう。

現在から将来へ

1　将来を考える上で重視すべきは人口動態である。人口動態は消費市場や労働市場を規定し、企業行動にも影響を及ぼす。

日本の総人口は、初回国勢調査の大正九〔一九二〇〕年に五五九六万人と報告された。その後、戦中期を除いて、人口は増加した。戦後の第一次のベビーブームは、昭和二二〔一九四七〕年から三年間で八〇〇万人の出生ラッシュとなった。団塊世代と呼ばれる。昭和四二〔一九六七〕年の国勢調査で、日本の総人口は一億人を超えた。さらに、第一次ベビーブーマーが家庭を持ち始めた昭和四六〔一九七二〕年頃から、第二次ベビーブームが始まり、四年間で新生児は八〇〇万人を超えた。増え続けた人口が、停滞に転じるのは平成一七［二〇〇五］年からである。

ただし、出生数そのものは、昭和四八［一九七三］年あたりをピークに減少傾向を示す。にもかかわらず、総人口が増加したのは死亡率の低下、つまり、平均寿命が伸びたことによる。こうした傾向は、人口ピラミッドに如実に表れる。かつては高年齢層が狭く、低年齢層が広い「ピア樽型」であったが、将来は全体的に細く、高年齢層が幅広い「ソフトクリーム型」へ移行すると予想される。日本の総人口数の減少と年齢別人口構成の変化は、家計の消費行動や企業の経営行動に変容を迫る。高度成長が始まる時期まで、農村では数世代同居が普通であった。その後、子供世代が都市へと流出して、彼らが都市で家庭を持ち都市人口は膨張していった。現在では、都市でも少子化と高齢化が同時進行している。日本全体では、六五歳以上の年齢層の単独世帯や夫婦だけの世帯は過半を占める。今後、世帯主の平均年齢の上昇とともに単独世帯の比率も着実に上昇すると考えられる。

消費市場は少子高齢化によって、モノからサービスの消費へと変化してきた。モノづくり企業も新たな事業の掘り起こしに取り組まざるを得ない。また、働き方も少子高齢化によって変わる。労働集約的な個人サービスの分野にも、人工知能を取り込んだ自動機器が導入され始めている。さらに少子高齢化は社会福祉制度の変容も迫る。若者たちの学校への帰属期間が長くなったが、教育は若い時期だけではなく、生涯を通じて新たなスキルの獲得と知識を学び直す生涯制度へと移行するだろう。人は現在以上に長い期間働くことになる。この種の社会実験は、早い時期から福祉制度を充実させた北欧諸国などで行われている。

少子高齢化は日本だけではない。韓国、中国、欧州諸国でも取り組まざるを得ない課題である。北欧諸国では、年金支給時期を遅らせることで現在の福祉制度の維持が可能かが検討されている。フィンランドで二〇一七年から開始されたベーシック・インカム制度の社会実験も、こうした社会的文脈に沿ったものだ。ベーシック・インカム（ＢＩ）は一九五〇年代にオランダの経済学者によってすでに使用され、一九二〇年代にも同じような考え方は開陳されていた。(＊) ＢＩの実現性が欧州諸国を中心に真剣に議論されたのは、今世紀に入ってからだ。若年層の高い失業率に加え、退職世代の比重の高い社会で、国家財政の破綻なしに社会福祉制度をどこまで維持しうるのか。現実的な課題が横たわっている。

＊ベーシック・インカムの考え方は、以前にもあったといえる。一九二〇年代にＢＩを示唆するような考え方が出てきている。たとえば、所得の再分配制度や国民配当などである。背景には、第一次大戦というそれまでの戦争とは異なる総力戦において、技術の発達が大量殺戮と大量破壊をもたらしたことへの深い反省と不平等社会の到来への不安があった。とりわけ、科学者や技術者などは、それまでの技術楽観主義を捨て、技術の発展が豊かな社会をもたらす保障はなく、むしろ、経済格差や社会的摩擦をもたらすと、危惧した。一九二一年にアイソトープ（同位元素）理論でノーベル化学賞を受賞した英国のフレデリック・ソディ（一八七七～一九五六）は、オックスフォード大学の化学教授の傍ら、経済学の研究へと進み、金融のみが肥大化する経済への警鐘を鳴らしつつ、所得の再分配がなければ経済的不平等による社会の不安定化がもたらされることを予想した。同じ英国人で技術者のクリフォード・ヒュー・ダグラス（一八九〇

〜一九五二）も、技術革新などによって生産が拡大しても、それに見合う消費の拡大がなければ、経済は常に不安定であることを示し、このギャップを埋める国民配当を提案した。

ＢＩ制度は、国レベルでなければ、すでにカナダのオンタリオ州、米国カリフォルニア州オークランド市、スコットランドのグラスゴー、オランダのユトレヒト市で社会実験が開始されたり、計画されたりしている。スイスでも社会実験の是非の国民投票が行われ、先送りされた経緯があった。

二〇一七年一月から二年間実施されているフィンランドのＢＩ制度の社会実験にふれておく。ＢＩ制度には、「条件型」と「無条件型」がある。無条件型は被給付者への無審査・一律給付の制度である。資格審査に関わる行政コストが高い個別の社会保障給付に比べ、無条件型ＢＩ制度は公務員数の削減で行政コストの大幅削減が可能となる。しかし、これには賛否両論ある。福祉関係の公務員数の多いフィンランドでは、確実に雇用問題が生じる。公的部門の雇用縮小は国家財政を好転させる可能性はあるが、他方で、民間部門が公的部門で失われる雇用を吸収するような国家経済の運営が必要となる。

フィンランドのＢＩ制度実験は、社会保険庁が、国民の一定所得層から無作為抽出した対象者に月額五六〇ユーロ（導入時一ユーロ＝一二八円換算で約七万二〇〇〇円）を支給して、被受給者の行動を観察するという。背景には、フィンランド経済の高い失業率、高福祉高負担制度の維持への不安、ロボットや人工知能の導入による国民の働き方の変化や雇用機会の減少への懸念などがあった。実験終了後、データの詳細な分析が行われる。若年層の失業率が高いフィンランドの場合、ＢＩ支給により若者の求職活動意識や起業意識が促されるのかどうか、最終的に失業保険関連支出の改善につながるのか、注目される。社会実験に先立って発表されたフィンランド社会保険庁の報告書は、給付額水準ごとのシミュレーション結果を示した上で、つぎのように課題を提示している。

「一般の国民の反応は、論議が理論的な範囲にとどまっている限り、好意的であるが、焦点がより具体的な事項に絞られていくと、コメントはより批判的になるものである。私たちとしては、すべての国民がおそらく平等性を支持するものであると、まずは仮定した。だが、ＢＩ実施上の実務的な方法を探る時期がくると、意見は多様化するものである。ＢＩの考え方には一般の強い支持があるものの、特定モデルへの支持があるわけではない。また、ＢＩ制度を財政的に支えるのに必要な税のことになると、ＢＩへの支持は減ることになるだろう。このように、政治的で実務的な問題については、原則として国民は肯定的であるが、実際のところ、財政的費用は負担したくないようだ。」

こうした課題はフィンランドだけでなく、日本も今後取り組まざるをえない。ＢＩ制度に関わる一般的な課題を整理しておく。

（一）現在の複雑化した社会保障制度をＢＩ制度に一本化させることで、大幅な行政費用の削減につながるのかどうか。

（二）労働政策として失業問題の解決に一定の役割を果たしうるのかどうか。

（三）生活保護認定における資力調査など公務員による調査に対する抵抗感の解消と、調査に関わる公務員の削減につながるかどうか。

（四）国民間の経済格差や所得格差の是正につながるかどうか。

少子高齢化の中で高齢者福祉制度を支えるために経済が活性化されるか否か。民間部門の雇用を維持・拡大させることにつながるのか否か。これらの点がＢＩ制度導入のポイントとして、問われている。中小企業が大企業のみならず、地域の経済活動に密着する中小企業へは期待が寄せられている。中小企業がその期待に応じることができるかどうかも問われている。

2　中小企業に限らず、経営がむずかしいのは経営環境が不変ではないからだ。個人であれ組織であれ、同じ環境下では、同じ目標を掲げ、同じ方法で対応すればよい。そして、同じことを繰り返すのには、効率性が優先される。しかし、その場合、しばしば過剰対応となる。過剰対応の問題点は、環境が変化したときに即応できないことである。対応の効率性は経営資源の効率的な組み合わせで達成されるが、そうした経営資源の組み合わせを短期間に変更することは困難である。例えば、単一事業で成功を収めた企業に顕著であるが、経営環境が短期間に変化した場合に、事業内容を大きく変えることは至難である。成功経営モデルが経済雑誌を賑わせながらも、その企業の盛衰とともに忘れ去られるのはそのためである。

経営環境の変化に対応するための方途には、企業の事業多角化が考えられる。だが、多種多彩な事業を展開するにはそれなりの経営資源の投入が必要である。しかし、中小企業の現状は、少ない経営資源での日々の対応といってよい。

各国の企業実態調査報告書でも、中小企業の深刻な経営課題は資本力の弱さである。事業機会に恵まれても、投資資金を十分に調達できない。中小企業の多くは自己資本のみでの事業展開は困難である。資金問題の解決には、社債や株式発行による外部資金の調達が必要であるが、こうした直接金融は、店頭市場に上場するベンチャー企業を除き困難である。結果、金融機関からの事業融資に頼る。この場合、担保力不足から短期間に資金調達ができず、事業の好機を逸する場合がある。

今日、金融緩和の下で資金調達の壁は低くなった。実状は、地域金融機関の預貸率は低下している。預貸率の低下は資金需要低迷の傍証である。背景に、地域中小企業の事業機会と資金需要の低迷がある。企業の資金需要の拡大は、〈消費の拡大→市場の拡大→企業の投資〉の流れで生起される。それが、地域人口の減少＝消費市場の縮小の下、商業・サービス業でも事業機会は拡大していない。

人口減少で消費市場はどのように変化しているのか。高齢者層の拡大と若者層の縮小が同時並行的に起こり、全体市場は低迷してきた。結果、生産余力をもつ企業は海外市場の開拓に取り組んできた。そうした対応が困難な企業は、従来型の事業分野を縮小させ、新事業分野の拡大に取り組んできた。

もう一度、各国の企業実態調査報告書に戻る。どの国でも、中小企業の経営問題のトップは資金調達であると述べたが、問題は第二位にあげられる経営問題である。米国では租税負担、日本では人材不足が指摘される。転職率の日米比較では、米国が圧倒的に高い。それは米国人の地域間や企業間の移動だけではなく、民間部門と公的部門の移動率の高さを反映する。かつては、米国でもブルーカラー層の長期雇用が見られたが、製造業の空洞化に伴って雇用期間は短期化し、産業間の移動が促進された。こうした動きは従来の管理層だけではなく、一般ホワイトカラー層にも波及した(*)。また、大企業間だけでなく、大企業・中小企業間、中小企業間の移動も活発となった。

＊一九八〇年代以降、米国の製造業が空洞化するなかで、雇用の短縮化と非正規化が進展していった。この傾向は米国のベンチャービジネスにも現れ、そうしたベンチャービジネスは、いち早く情報通信技術を導入して人材派遣業分野で急成長を遂げた。詳細は次の文献を参照。村山祐三・地主敏樹編『アメリカ経済論』ミネルヴァ書房（二〇〇四年）。

日本では、新規学卒一括採用による内部労働市場の役割は現在も大きく、労働移動が顕著なのは内部労働市場の縁辺的な部分の非正規雇用者(*)である。民間部門と公的部門の間での移動は多くない。大企業間の移動や、中小企業から大企業への移動も一般的ではない。企業実態調査からみて、中小企業の経営者が人材不足を挙げるのは、日本の労働市場の流動化不足があるからだ。

＊総務省の調査分類では、「非正規の職員・従業員」にはパート、アルバイト、派遣事業所からの派遣社員、契約社員、嘱託及びその他が含まれている。非正規雇用者の中で、もっとも比率が高いのはパートである。

総務省『労働力調査』によると、正規雇用者数が伸びないなか、非正規雇用者は若年層を中心に一貫して増加してきた。現在では、非正規雇用の割合は雇用者全体の三分の一以上を占める。業種別に非正規雇用者の割合をみておくと、もっとも高いのは卸売・小売業・飲食店、ついでサービス業となっている。職種別では、社会福祉従事者（介護サービス）、接客・給仕従事者、飲食調理者などである。

複数事業部門をもつ大企業では、事業部門間の人事異動、子会社・関係会社への転籍などで社内の余剰労働力を再配分してきた。この人事政策により、内部労働市場を維持できた。しかしながら、経営環境の変化の下で、大幅な事業再編が行われる場合は、従来の雇用政策の維持は困難であり、新卒採用を抑制して、非正規雇用者の比重を高めて対応するようになった。産業構造が変化するにつれ、産業間の労働力の円滑な移動が労働政策として重要性を増す。にもかかわらず、厚生労働省が推し進める転職促進の補助金制度の活用度は低い。解雇による転職と比べて、自らの意志による転職がさほど進んでいない傍証である。多くの人たちにとって、転職は機会費用リスクが高いと認識されている。

産業間や企業間の移動は容易ではない。企業間や産業間によって企業年金などに大きな差異があることから、社内福祉制度の充実した大企業などに留まることのメリットが大きく、それがレントを形成しているのも理由である。中小企業の人材不足解決には個別企業の取り組み以上に、年金などを含むナショナル・ミニマムとしての福祉制度の見直し、労働市場での柔軟な移動を支援する制度への改革が必要である。

ローカル経済論

1　日本、さらにその中の一地域というローカルな場で、ここ数十年あまりの間、グローバル論が語られてきた。その内実は何か。

どの国にも「国民性」――国民一般に広く共通する思考パターン――がある。日本の場合、諸外国へ対応モデルを求める感受性の高さと、環境変化への絶えざる適応意識の鋭敏さである。ただし、欧米諸国への感受性が過敏である一方、アジア諸国に対する感受性は鈍い。日本のグローバル論の中核には、米国企業や欧州企業の海外事業展開への盲目的な模倣がある。

米国は、正しくは合衆（州）国という独立性の高い州の集合体である。ゆえに、米国の中央銀行の連邦準備制度は単一ではなく、一二の地区に設けられた連邦準備銀行から構成される。経済や産業のあり方は、東海岸地域と西海岸地域で異なり、中西部や南部を加えればさらに多様性がある。他方、欧州は、人口規模からして小国家から大国家まで混在する。経済や産業のあり方、公的部門と民間部門の関係、福祉制度の充実度、人種構成からも、欧州はさまざまな国の集合体である。たとえば、フランスとドイツは隣国であるが、同一の社会的価値観をもつ国ではない。その点からして、欧州連合はあくまでも連合体である。

　では、グローバル化の成功モデルとは一体、具体的には、どの地域、どの国を参考にしたモデルなのか。この点を考えると、グローバル対応の経営モデルは抽象的である。実際のところ、各国のグローバル化の経営モデルは、個々のローカル経済の延長にある。必然、個々の国民経済に固有の問題や社会意識が反映されている。もちろん、海外事業展開を促す国内法規制との関係もある。

　たとえば、中国の経営モデルをグローバル化の成功モデルとみる人はどれだけいるだろうか。それは中国の経済体制が政治体制と密接に関係する。中国の経済体制を社会主義市場経済といっても、ドイツの社会市場経済体制とは異なるのである。正統性を認められた唯一の政党による開発独裁体制下にある成功企業を、グローバルモデルと呼ぶのは、多くの人は無理があると思っている。また中国は、米国や欧州以上に地域差が大きい。とはいえ、中国の存在は欧米やアジア諸国からの投資を引きつけ、巨大人口を背景とした消費市場の発達は、欧米企業や日本企業にとって魅力的である。ゆえに、日本企業も中国での事業展開を推し進めてきた。世界の工場と消費の受け皿となった中国は、アジア太平洋圏での資本財、中間財などの貿易関係を拡大させた。この意味では、グローバル化と中国経済の発展は軌を一にしてきた。

　グローバル化の成功モデルは、実際には机上のものだ。現実には、それぞれのローカル経済論を引きずっている。言葉の上で、地球市民は成立しても、実際にはそれぞれの国の市民意識が先行するのと同様だ。各地に展開するグローバル企業は、それぞれの地域のローカルな論理を背景にして成立する。

企業のグローバル展開は、ローカル経済の課題も生み出す。これは、一見、新たな課題の登場と思われがちである。この種の課題は一国経済内での不均衡な発展の下でつねに登場した。国内経済での農業社会から工業社会への移行は、農村と都市との不均衡、都市間での不均衡をもたらした。結果、国土の不均衡利用の是正のために、地域政策が登場した。背景には、企業は新規立地や再立地のかたちで資本を移動させても、労働力である人は容易に移動できない現状があった。資本と労働力の不均衡が地域政策という是正策を生んだのだ。

労働力たる人の行動規範はそう単純ではない。人は企業という経済組織に属するばかりではなく、家族や地域の成員でもある。地縁血縁関係のほかに、友人・知人関係もあり、その関係のあり方がその人となりを構成する。人を人的資本として、利潤の多寡によって移動する資本と同様に扱うことはできないのである。ゆえに、地域社会のかかえる様々な課題の解決には、地域経済政策ではなく、より総合的な地域政策を必要とする。したがって、地域政策は地域経済政策を包摂する。ローカル経済はどうあるべきか。それは単にローカル経済論だけではなく、ローカル社会はどうあるべきか、というローカル社会論である。

そう考えてくると、経済と社会の接点において、地域の中小企業は双方を利する経営のやり方を模索する存在である。グローバル化する経済とローカル化する社会との狭間で、中小企業はどのような経済・社会活動を展開できるのか。コミュニティ・ビジネスなど狭い範疇だけでとらえるのではなく、さまざまな産業分野でどのようなビジネス展開ができるのか。とりわけ、課題は地域資源のなかで最重要な資源である人材の活用に関わる。

2　いろいろな思いをもつ人たちの集合体である都市には、ジェイコブスの指摘のように発展都市もあれば、衰退都市もある。ジェイコブスは、衰退を食い止めるには都市住民の意識の改革が必要だと説いた。その成功例は、米国の旧都フィラデルフィアでの動きである。フィラデルフィア市(＊)は、ニューヨーク市と対照的に衰退してきたが、そんな中、新たな動きが生まれた。一つの例は、フードビジネスで衰退地区を活性化させたジュディ・ウィックスたちの活動である。

＊フィラデルフィア市——米国のペンシルバニア州南東にある人口約一六〇万人の大都市である。一七世紀半ばに北欧スウェーデンからの移民があったが、英国からウィリアム・ペン（一六四四〜一七一八）が入植して、計画的なまちづくりに着手し、その後、フィラデルフィアは商工業都市として発展する。製造業では、鉄鉱石、石炭、石油などの資源にも恵まれ、製鉄業、金属加工、織物、食品、化学などの産業が発達した。しかしながら、米国製造業の空洞化の波はフィラデルフィア経済にも押し寄せ、衰退傾向が顕著となり、経済活性化のための新たな取り組みを必要としてきた。なお、一七四〇年には、ペンシルバニア大学が米国では医学部なども有する最初の総合大学として誕生している。一七七六年の米国の独立宣言はフィラデルフィアで行われ、自由の鐘が鳴らされたことはよく知られている。当時の歴史的な建物は保存され、観光資源となっている。

ウィックスはベトナム戦争世代である。ペンシルバニア州東部の大学で学び、結婚した。結婚相手は良心的兵役拒否者であった。兵役拒否者には海外や国内でのボランティア活動が義務付けられた。若い夫婦はアラスカ州のエスキモー部落でのボランティア活動を選択した。国側には、若者たちを派遣することで、エスキモーの米国文化への同化を促す意図があったろう。しかし、逆にウィックスは、そこで市場経済とは異なる生活原理を知った。いまでいう、シェアリング・エコノミーである。

フィラデルフィアに戻ったジュディは、小さな雑貨屋を始めたが、すぐに行き詰まる。その後、離婚。近くの小さなレストランのウェイトレスになった。さらに、建築家との再婚・離婚を経験し、二児の母となったジュディは、レストランのオーナーに経営の才を見出され、共同経営者となる。だが、経営方針を巡ってオーナーと対立、十数年後に袂を分かつ。そして、自らホワイトドッグ・カフェを創業した。初めは地域農家の食材でマフィンを作り、コーヒーを提供する小さなカフェであった。それをやがて大規模カフェへと成長させた。

ここまでであれば、どの地域にも一つや二つある小さな成功話であるが、ジュディの場合は違った。ジュディにとって、ホワイトドック・カフェは地域おこしと社会運動の拠点であった。彼女の生き方は、ビジネスを通して自分が生活する地区や地域の抱える問題の解決に役立つことであった。ジュディの周りにはいろいろな人たちが集まった。マフィンとコーヒーから始まったカフェは、地元の農業と食品産業に活力を与えた。コーヒー豆の仕入れ先も中米からのフェアトレードへと転換した。

ジュディの活動で注目しておくべき点がある。それは「生産→消費」のサイクルだけではなく、「消費→生産」もまた地域の活性化に大きな役割を果たすことだ。ジュディの歩みを、一口に近隣農家などを活気づけた地産地消運動といってしまうと、抜け落ちるところが多い。彼女の活動は、事業者ではなく、生活者としての視点からも地域経済の活性化が可能なことを示唆する。

ジュディの取り組みは、大きな括りではコミュニティ・ビジネスである。実践家の細内信孝は、この種のビジネス形態を「地域住民がよい意味で企業的経営感覚をもち、生活者意識と市民意識のもとに活動する『住民主体の地域事業』」と位置付ける（細内信孝『コミュニティ・ビジネス』中央大学出版部）。私も共鳴したい。

民間企業が地域社会の実情を知悉しているわけではない。地域資源の有効活用を十二分にできるわけでもない。他方、中央官庁や地方自治体の補助金は、地域おこしに役立つが、制度的かつ能力的な制約と限界がある。こうした民間企業や行政の限界を補うかたちで、地域の雇用機会を維持・拡大させる取り組みの重要性が高まっている。

地域経済の活性化に貢献しうるコミュニティ・ビジネスだが、従来はもっぱら介護・福祉サービス、観光業、環境、地域情報誌などの分野に関して論じられた。

しかし、コミュニティ・ビジネスはサービス事業分野ではなく、製造業など生産に関わる事業分野にも影響を及ぼしうる。ジュディの例はその可能性を示唆している。また、彼女の活動は、コミュニティ・ビジネスが地域の農業者、金融機関、小規模生産企業、協同組合、ボランティアグループなど市民団体、開発業者、行政関係者、大学関係者を結びつける役割を担うことを示している。

地域社会には経済問題だけではなく、さまざまな角度から解決をしなければならない社会問題も多い。地域には地域特有の問題もある。それらは画一的な取り組みではなく、個別のより細かな地道な方途でしか解決しえない。そこに、関係者を横断的に結びつけ、地域特有の経済的ニーズと社会的要請を結び合わせることのできるコミュニティ・ビジネスが必要とされる。私たちには、社会は経済に組み込まれているという思考の慣性力が今なお強いが、コミュニティ・ビジネスの成功は社会と経済の相互方向性の再確認となる。今後の人口構成は確実にシニア層の比重が高まる。この世代は働くことと生活することが地域空間的に分離された感覚のなかで生きてきた。これを象徴するのは「ベッドタウン」という表現である。しかし、地域へ「寝に帰るだけ」の感覚で、未来への展望は開けるはずはない。

地域のシニア層のためのビジネス展開が、同時に、若い人たちにとっても、つねに働きやすく、安全・安心で生活しやすい環境の整備となれば、これはコミュニティ・ビジネスにとってビジネスチャンスである。コミュニティ・ビジネスの発展はより魅力ある経済社会への転換を促す。

3　「グローバル」経済に対しては、「ローカル」経済が意識される。「ローカル」経済の内実は多様だ。東京などの大都市圏との対比では、多くの都市はローカルとなる。この場合のローカルは政治・

経済の日本の中心＝「セントラル」への相対的対語である。しかし、ローカルという地域は、セントラル＝大都市圏に対して劣位の経済構造をもっているわけではない。判断規準によっては、ローカルの豊かさが際立つ。

経済的豊かさを示す道府県別所得などの指標では、ローカルたる地方圏が大都市圏との比較で低位にとどまるが、県民所得格差をそのまま経済格差として問題視すべきではない。高度成長時期に、大都市圏と地方圏との所得格差が拡大したのは、地方圏から大都市圏への若年層の人口流出の経済的影響が大きかったのだ。国土の均衡利用を推し進めることで、地域間の所得格差を是正する全国総合計画（全総）の導入もこの時期であった。

全総では地域産業の育成を通して、若者が地元でも就職機会が得られるように、国も地方自治体も大都市圏からの企業誘致に熱心に取り組んだ。しかし、地域間のプル要因とプッシュ要因では、大都市圏のプル要因の方がはるかに大きく、大都市圏の過密問題が顕在化していった。その先に、地方圏の中での経済格差が内包されていた。主要産業の衰退が顕著な過疎地域では、雇用機会が失われた。若年層の雇用機会が公的部門を除いて限られたことで、若年層の域外流失に歯止めがかからなかったのである。

一般に、「過疎」とは単に人口数が少ない状況ではない。「過疎」が使用されるようになったのは、首都圏などの大都市の過密状況が問題視され始めた時期に呼応する。そして、過疎が問題視されるのは、地域内での生活維持が困難となったためである。背景には、雇用問題や労働市場など働き方の問題、さらには、働く場としての企業や地域経済の直面する問題がある。振り返れば、「過疎」については、人都市圏の過密と地方圏の人口流出が顕著になった時期以前から、島国日本を形成する「離島」の問題があった。「離島振興法」が時限立法として制定されたのは昭和二八〔一九五三〕年である。交通・通信設備の遅れから島民の生活や経済活動が制約を受けていて、離島航路の整備から離島振興が創始された。また、昭和二〇年代の後半には、教育の機会平等保障から「へき地教育振興法」が制定された。「へき地」は「交通条件及び自然的、経済的、文化的諸条件に恵まれない山間地、離島」である。山間地域の振興は昭和四〇年代に入ってから、半島地域の振興は昭和六〇年代に入ってから立法措置が取られた。

経済格差の問題は、地域間の人口分布の不均衡が直接生み出したものではない。背景に、地域間の就業機会の水準の違いに加え、雇用形態の多様化もあった。経済格差は、現在では、単なる地域間格差や企業間格差だけではなく、貧困問題のかたちで表出する。日本には最貧国や紛争国のような、生命の維持に関わる絶対的貧困はないが、相対的貧困の問題はある。相対的貧困の指標は相対的貧困率であり、これは可処分所得——世帯規模を考慮した一人当たり再配分所得——の中央値の半分未満の人口比率で示される。日本の場合、相対的貧困率は、時系列的にほぼ一貫して上昇している。生活保護世帯数の割合を示す被保護率も、母子家庭や高齢者世帯を中心に上昇傾向にある。相対的貧困率の国際比較では、経済協力開発機構（ＯＥＣＤ）の中で、日本は高齢人口比率が高い現状を考慮しても、加盟国平均値よりは高い。

所得を単なるフロー所得だけに狭く解釈してはならない。一人当たりの再配分所得の格差以上に、ストックとしての資産格差は拡大している。すなわち、株式・社債の配当、資本利得や資産などの売却益を含む所得で、その格差は拡大しており、とりわけ、一九八〇年代のバブル経済下での株式や土地の資産価格上昇によって、「(資産を) 持つ人」と「持たない人」との経済格差が拡大した。この傾向は現在も続く。

二〇〇〇年代に入り、働き方も変化した。正規雇用者と非正規雇用者、また非正規雇用者のなかでも派遣、パート、アルバイトと働き方が多様化した。結果、従来の男女別賃金格差だけでなく、雇用形態によっても所得は異なる。また、働き方を縦軸に、働く地域を横軸にしたマトリックスでは、就業機会やこれを支える地域の産業構成によって所得には、異なる動きがある。

経済格差を所得格差の視点からとらえると、是正をどのようにはかるべきか。まず、先に紹介した相対的貧困率を引き上げてきた七〇歳代の高齢者単身世帯へは、社会福祉政策の下でそれぞれの事情に即応した制度の整備が必要である。他方で、母子家庭、派遣やパートタイマーなど非正規雇用者へは、労働条件の改善が必要となる。とりわけ民間部門で、所得面の待遇改善が見込める雇用機会を提供することが望ましい。所得水準の具体的な改善は、地域ごとの雇用機会や労働市場のあり方によって異なる。

日本の場合、人口格差と所得格差が密接な関係をもつ。二〇〇〇年代に入っての、人口の増減率をみると、地域別人口は二極化の様相を強める。北海道、東北、四国、山陰では人口減少が著しい。東北で人口減少が大きいのは秋田県、青森県、岩手県、山形県、福島県であり、減少幅こそ小さいとはいえ、宮城県でも人口は減少傾向にある。四国では四県とも減少しているが、高知県の減少幅が大きい。山陰では島根県と鳥取県で共に人口減少が続く。

その他の地域でも程度の差こそあれ、沖縄県などを除き、ほとんどの県で人口は減少している。そうしたなかで、東京都、神奈川県、千葉県、埼玉県への人口集中は続いている。その他の大都市圏では名古屋市がある愛知県、大阪市がある大阪府、福岡市がある福岡県で人口増となっている。背景には企業や事業所のこうした地域への集中がある。各地方自治体は雇用機会の創出のために、企業や事業所の誘致に熱心に取り組んでいるが、傾向としては東海、関東内陸、南東北への新規立地が上位を占め、他地域へは低調である。対照的に、アジア地域を中心に、日本企業の海外事業展開は活発である。

今後の課題は、過密・過疎という、国土利用の不均衡是正をどのようにはかるかである。過密を規制し、過疎を改善する方途としては、従来のような大規模な工業団地や商業団地の造成とそこへの企業誘致には期待できない。かといって、今日活発となってきた町おこしや、急ごしらえ感のある観光業の振興による地域経済振興にも限界がある。地域経済振興には短兵急な近道はない。地域資源の掘り起こしと地域経済との関連性の見直し、そして地域資源の有効利用へ地道に経済的に取り組む以外に打開策はあるはずもない。

終章　未完の中小企業論

実は、われわれの意識しない、無意識のうちにあるそういうものが、われわれの行為を決定して行く大きな力になっている……これから先の日本もなおそういう力が築いて行くのではなかろうかと思っています。

（『宮本常一全集』第一三巻（民衆の文化）、未来社、一九七三年）

人工知能（ＡＩ）の普及により、人の仕事が機械に取って代わられるのではないか、という議論も盛んだ。未来社会論では、技術立国のイメージが強いドイツなどで悲観論が目立つ。日本社会での切実感はさほどでもない。この種の議論はいまに始まったわけではない。ロボットが製造現場に導入された頃もそうであった。流通業界にも情報機器が導入された頃もまたそうであった。

一連の技術革新の下で、定型的な仕事のあり方は大きな変容を迫られる。個々人だけではなく、企業も大きな変化に直面する。中小企業はこうした変化にどのような対応ができるのか。学校教育での「教育」の内容も大きな影響を受けるに違いない。技術はさらに進歩し、完全自動運転システムも現実になりつつある。こうした世界的潮流のなかで、中小企業の生き残り策について弱者論（悲観論）と強者論（楽観論）が交錯する。未完の中小企業論への模索は今後も続く。

強者論か弱者論か

1　中小企業は強者か、あるいは弱者か。現在では、このような黒白の論考は多くない。日本経済の低迷時には、元気づけのような中小企業論＝強者論が頻繁に登場した。逆に、経済の過熱期には、中小企業経営者の出鼻を挫く中小企業論＝弱者論が、警鐘を鳴らすように登場した。経済の過熱後の景気後退期に、中小企業の倒産数が増加する歴史があったからだ。

中小企業論は、「工業経済論」、「商業経済論」、「産業経済論」や「日本経済論」などでも論じられる。大学の講義では、中小企業論は、経済学部や経営学部・商学部をもつ私立大学に多い。社会学部にも「中小企業論」がある。では、何が論じられるのか。そこには、二つの着目点がある。一つは中小企業の内部組織への着目で、中小企業のマネジメントの具体的なあり方が紹介される。もう一つは中小企業の外部環境や外部組織との関係性への着目である。対象としては、さまざまな事象や場が設定される。

重要なことは、「中小企業」と外部との関係性から何が見えてくるかである。そして、中小企業はそうした外部との関わりの中で、諸問題の解決に役割を果たせるか。果たせるならば、それは中小企業の存立基盤の強化につながる。そして、それを支援するのが中小企業政策である。

中小企業政策では、社会や経済の諸問題を制度的な誘導と支援によって解決することが政策の基本である。横軸に経済主体を、縦軸に社会の抱える諸問題をとると、当面する問題点の整理と課題解決の方向性が明示される。たとえば、横軸に家計、企業、企業以外の非営利組織、政府をとる。縦軸に本書の各章で取り上げた諸問題、たとえば、経済格差、所得格差、地域格差、貧困問題、人口動態に関わる人口減少、少子高齢化、消費市場の今後、国債発行に依存する国家財政や地方財政、今後予想される社会福祉制度の見直しなどを配置する。このうち、人口減少による消費低迷からの回復には、消費支出の拡大による消費喚起が必要だ。また、所得格差の是正には、低所得層の稼得水準の引き上げが必要であり、勤め先企業などの給与引き上げや、自らの起業による所得の引き上げが重要になる。因果関係を考えると、企業活動の活性化に期待がかかる。

他方、大企業の存在とは、多くの人にとっては、自分たちの地域に立地する工場や支店・営業所である。大企業は国内外に事業所を有し、地域に立地する事業所は、国内外の事業所との関係性のなかで存立する。つまり、ある地域の工場が拡張するなかで、ある地域の工場が縮小されたり、閉鎖されたりもする。こうした地域事業所の動向は地域経済に影響を及ぼす。それには直接的な雇用のほかに、部品や資材調達を通じての地域内の中小企業の景況との関係があげられる。こうした関係性の下での、地域経済の活性化のプロセスとはどのようなものか。

まずは、直接的な雇用機会の増大であるが、雇用貢献には、大企業の国内事業所が国際競争力を保持することが重要である。しかし、実際の動きでは、国内事業所は国外事業所や海外企業との競争関係の下で、事業縮小や事業転換の波に揉まれてきた。

企業経営の論理からすれば、事業所の立地には〈産出／投入〉の効率性が高い地域が優先される。投入資源も、最適調達政策が考えられる。現在は、国境間の関税障壁がなくなり、物流網の世界的整備によって物流コストは低下した。まさに世界最適調達の時代である。そのような時代にあって、企業を地元に引きとどめられるかは、地域の比較優位性を構築できるかに依る。そのような経済基盤は地域競争力である。具体的には、社会的ニーズに適応した製品やサービスを生み出せる企業群の広範囲な存在である。しかし、そのような競争力をもつ地域は一部にとどまり、実際には、国際競争力をもつ企業群が集中立地するのは、大都市圏など特定地域である。同一産業の企業群の集中立地＝産業集積のもつ外部経済効果やスピルオーバー効果(*)は、企業を引きつける。このような産業集積が単一事業分野だけではなく、関連分野も含んで多層構造を形成する場合、その地域のもつ総合的競争力は強い。

＊スピルオーバー効果——漏出効果や拡散効果とも訳される。元来は、通信衛星による電波が本来のサービスエリアを超えて他地域にまで漏れ出すことを意味する。公共経済学では、公共サービスの便益の給付を

受けた行政地域だけではなく、その費用を負担をしていない周辺地域も同じような便益を受ける外部経済効果を意味する。技術の研究開発面では、研究機関や研究者が集中する地域に事業所を立地することで、他地域と比べて研究開発情報などを意図せず入手できる可能性が高まる。

地域競争力を直接的に支えるのは、企業群の存在である。競争力で強者の企業が集中立地していれば良いわけだが、そう簡単な話ではない。なかには、強者から弱者へと移行を余儀なくされた企業群や、弱者のままにとどまって事業規模の漸小を続けてきた企業群もある。地域は弱者をどのように支え、強者との協力関係を促すことができるのか。いまも地域政策の大きな課題である。画一的な対応策はおよそ役には立たない。地域の特徴ある経営資源を活かし、人材や資金を地域の実情に合ったやり方で引き寄せてこそ、解決の目途はつく。

2　多層多様な産業集積による地域競争力の維持は容易ではない。それゆえ、欧州諸国でも、バイオ、情報通信技術、エネルギー技術など特定分野の産業集積に特化して、地域イメージ情報を発信し、世界各国からの企業誘致に熱心に取り組む。そのようにして一定の成果を上げてきた地域には、単なる生産機能工場は少なく、研究開発機能をもつ頭脳的な工場の立地が多い。そうした地域では大企業と中小企業、中小企業と中小企業との密接な協力関係に加え、地域企業から技術者がスピンオフする創業も活発である。

強者論と弱者論でみれば、強者企業が立地する地域には、次の強者を生む何かしらの土壌がある。ただし、そのような地域は全科目高得点をとる秀才型の産業集積では決してない。比喩的に言えば、全科目平均では、平均以下の弱者であるが、一科目については満点をとれる強者である。すべての産業分野で強者たることは困難だが、特定分野で強者となれる可能性はある。そうした地域では、企業規模に関わりなく研究開発能力の高い企業群を支える大学や公的研究機関が立地する。それらの研究組織も全科目秀才型ではなく、特定分野の研究に特化した機関である。産学連携では、共同研究開発において組織力をもつ公的機関の人材が鍵をにぎる。また、見逃しがちであるが、地域の文化や生活基盤の快適性も「人が生活し、働き、そして交流する」上での魅力である。地域文化の豊かさは、優秀な人材を地域へ引きつける隠れた競争力である。

欧州諸国の産業集積の成功例をみると、欧州連合内からの新規立地＝企業誘致がみられる地域には地域そのものに魅力がある。成功要因は産業クラスターの概念だけで説明されることも多いが、産業クラスターは、単に自分たちの地域の経済力を高めるだけの利己主義的なものではない。他地域との関係において、利他主義的なものでなければ、持続性は保障されない。産業クラスターの構成主体には企業だけではなく、企業以外の非営利組織もあり、産業クラスターは産官学連携主導の地域イノベーション・システムに等値される。だが、イノベーションは技術的ブレイクスルーとして狭く解釈されてはならない。社会の抱える広範な問題の解決を常に意図して、技術的な課題、経済的な課題、政治的な課題を解決可能にする社会的価値観の総合的な変革こそが真の意味のイノベーションである。

序章で、経済は社会と相互依存性をもつと述べた。再度、この点を強調したい。中小企業からみえる各国の国民経済のかたちは、その国の社会構造や社会的規範を色濃く反映する。それは大企業からみえる国民経済のかたちとは異なる。それゆえ、地域社会の変革に中小企業が寄与し、活躍できる地域は健全な社会である。中小企業を論じることは、社会のあるべき姿を論じることでもある。そうした社会の実現のためには、中小企業の活躍が見えるかたちで示される必要がある。

ところで、先にマトリックスの縦軸に、私たちの社会が抱える諸問題を配置させた。具体的には、経済格差、所得格差、地域格差、貧困問題、人口動態に関わる人口減少、少子高齢化、消費市場の今後、国債発行に依存する国家財政や地方財政、今後予想される社会福祉制度の見直しを掲げた。そのなかでも、経済格差の問題は重要である。日本でも、高齢（単身）世帯やこどもの貧困問題が深刻化しているが、抜本的解決のための国民的政策論議には至っていない。それは日本社会で「貧困の見えない化」が起こっているからだ。日本の経済発展史からとらえると、「貧困の見えない化」は、高度経済成長期の経済優先の行き過ぎという視点から批判されてきた。

しかし、高度成長期に、絶対的な貧困が大きな解決をみたことは評価すべきだ。問題は、経済成長によるひずみの是正が可能であったにもかかわらず、所得の再配分政策が有効に活用されず、ひずみを固定化させてしまったことである。ひずみは低成長期になって顕在化し、その是正が国民の関心を呼び、政策的対応が必要となった。にもかかわらず今日、経済成長率の低下によって解決は困難となった。

高度経済成長の時代は、一言でいうと、ヒト・モノ・カネの流動性が一挙に高まった時代であった。第一次産業から第二次・第三次産業へ、農村から都市へ、地域から中央へ、家計貯蓄から企業投資へという流れの変化があった。この流れが急速であったがゆえに、都市の膨張とインフラ整備とのアンバランスから過密問題や公害問題が生じ、それへの対応としては、成長の抑制と富の再配分を通じて社会全体の均衡を図る必要があった。

皮肉なことであるが、富の再配分によって社会全体の均衡を図るには、高成長が必要である。したがって、高度経済成長期こそ社会全体にとって改革の大きなチャンスであった。それが、低成長期になって、地域間、家計間、企業間、男女間などさまざまな格差の存在と拡大が意識されるようになった。しかし、依然として、高度成長期の考え方の慣性力は強く働いていた。経済格差の拡大という新たな貧困問題は、「今日より明日は必ず豊かになる」という感性の下で、貧困問題の解決が先送りされた結果だ。そして、貧困問題を「見えない化」する無意識の力はいまも作用している。この種の意識が日本社会に強い限り、将来へのより良き展望はなかなか拓けてこない。

中小企業と大企業の経済格差問題も、収益格差だけに狭く限定されてはならない。収益格差であれば、産業間や地域間にも存在する。収益格差の是正が個別経営上の対応課題であるとすれば、収益性の低い産業から高い産業へと移行すれば良いし、また、同一産業内でも収益性の低い事業分野から高い事業分野へと移行すれば良い。立地面においては、収益性の不利是正のため、より高い収益が確保できる地域へと新規立地や再立地を進める方法もある。だが、それは容易ではない。ある企業は対応できても、ある企業は対応できない現状がある。

米国の社会学者ライト・ミルズ（一九一六～六二）は『社会学的想像力』で、問題領域の「私的性」と「公共性」の相違を比喩で語る。自分の地域で失業者が数人であれば、それは私的領域――個人――の問題であり、数千人いるとすれば、それは公共領域――社会構造――の問題であると。同様に、多くの中小企業にとって、収益格差是正の対応が困難だとすれば、それは個別経営問題ではなく、個別経営の枠を超えた公共領域――社会全体――の問題なのである。公共領域では、大企業や中小企業という企業規模に関係なく、個別の企業活動に対して公正・公平な経済制度が整備されなければならない。制度は、平等性という公共性をもたねばならない。公共性には公正・公平の原則が担保されねばならない。

公共政策ではヒト・モノ・カネのうち、特にモノやカネについては是正策が講じられてきた。他方で、ヒト――人的資源――については、個人の働き方の価値観、働き先の選択観といった個別の社会的価値観が反映される。若者に対する意識調査によると、大企業のリストラによる事業縮小や実質上の倒産にもかかわらず、「寄らば、大樹の蔭」＝大企業への信仰＝強者論は根強く、根深い。今後の個別経営での対応策として重要なのは、個々人の能力開発や働くことの幸せ、地域社会への積極的な貢献など社会的価値観において、中小企業がより良き活動の場を提供することである。中小企業のそうした取り組みと努力を、私たちが支援することが必要である。

強者は語らずとも

1　経営学とは強者の学問（science）なのか、弱者の学問なのか。

経営学では、その時々の世界市場に影響を与える大企業や急成長企業の経営スタイルをベンチマーキングして、同様の成功を希求する企業や個人の範とする。それだけであれば、経営学はまさに強者の学問であって、中小企業の経営などは等閑に付されがちである。かつて、経営学者の末松玄六（一九一〇〜九三）は、遅かれ早かれ潰れるような中小企業の経営スタイルからはなにも学ぶものはないという風潮に大いに反発した。そして末松は、日本が米国流経営学の輸入に躍起であった昭和二〇年代半ばから、日本の中小企業経営者の動向に着目して、地に足が着いた経営学を志向し、経営学としての中小企業経営論を展開した。末松は、中小企業を弱者とみなす市井の見方や研究者に対し、本来は強者であるべき中小企業のための経営学を探ったのだ。

学問は対象によって規定される。学問が強者論をとるか、あるいは弱者論をとるか、それにより学問の性格は異なる。アップル（一九七六年設立）、マイクロソフト（一九七五年設立）、デル（一九八四年設立）、アマゾン（一九九六年設立）やグーグル（一九九八年設立）など、小さな事業体から世界市場を圧巻したようなベンチャー企業を対象にすれば、それは強者の学問としての経営学が誕生する。だが、その陰で同じような事業を創始したものの、名も知れず消え去ったベンチャー企業の多くは忘れ去られたままだ。この種の成功と失敗の話はどこの国でもあるし、ベンチャー企業だけに限らない。たとえば、フィンランドの経済的苦境を救ったノキア・グループの快進撃は良く知られるが、その陰で、同じ携帯分野で消え去ったハイテク企業群のことは、他国の者には名前すら知られることはない。強者は弱者を語るわけではない。強者は語らずとも強者である。

それでは、大学などで若者たちを相手にして、私たちはベンチャー企業から世界的巨大企業となった「小さな企業の大きな物語」を意識した、強者の中小企業を論ずるべきなのか。あるいは、中小企業を成長途上の強者ととらえておくべきなのか。アップルやマイクロソフトは創業から数年の間は、若者たちがはじめたハイテク志向のマニアックな素人ビジネスにすぎなかった。この段階で倒産していれば、アイデアは溢れたが、成長できなかった弱者であった。中小企業は多様だといってしまえば、それまでである。私たちは、これから職業生活を送る若者たちに、中小企業に関してどのようなメッセージを送るべきなのか。あるいは、やや消極的に言えば、どのようなメッセージを送ってはいけないのだろうか。

2　経営教育の流れについてもふれておく。

若者＝若年層(*)の年齢範囲をどのようにとらえておくべきか。義務教育である中等教育（中学校）を終えて働く年齢層とすれば、日本の場合、現在、この年齢層で就職する者は同年齢全体の二％にも満たない。同世代の九八％以上は高等学校へと進学する。四年制大学、短大、専門・専修学校など上級学校への進学率も、そのうちの七〇％を超える。四年制大学や短大についてみれば、男女とも同世代の半数以上が進学する。そのうち、医療・薬学、理工学、心理学など学ぶべき対象と職業が明確である学部や研究科への進学者もいる。医学部の卒業生は国家試験をへて医者となる。薬学の場合も国家試験をへて薬剤師となる。ただし、すべてが薬剤師として勤務するわけではなく、企業や研究機関の研究者のキャリアを歩む人たちもいる。理工学部卒業も技術者として働くばかりではないが、一定数はそのようなキャリアを志向する。心理学専攻生も臨床心理士となる人ばかりではないが、その目標をもつ学生も一定数いる。

＊経済協力開発機構（ＯＥＣＤ）の労働関係統計などでは、若年（The Youth）は一五～二五歳未満の年齢層とされているが、各国の統計上の定義はこれとは異なる。日本では、厚生労働省の調査で一五～三四歳の年齢層、韓国では一五～三〇歳の年齢層となっている。

文学部の場合、学ぶ人のすべてが作家となるわけではない。一般教育として文学を学ぶ人がほとんどかもしれない。法学部も少数だけが法曹界へと進む。法律知識は社会生活を送る上で重要な知識であるという意味では、法学部は法律知識を身に着けることのできる一般教育の場である。

では、経営学部の存立意義はどのあたりにあるのか。他学部と同様に、文字面だけで位置づければ、経営学を学ぶ場である。また、医学部が医師を育成する教育機関であるとすれば、経営学部は経営者を育成する教育機関である。ただし、経営者になるのに国家試験は必要とされない。この点は医学部などとは根本的に異なる。もっぱら専門知識の獲得、病気の治療や新薬の開発などきわめて具体的な専門家的スキルの修得を第一義とする医学部などとの対比では、経営学部とはどうあるべきか。日本では、経営学部――商学部、経営情報学部、商経学部を含め――をかかえる大学は私立大学を中心として多い。これらの大学において経営学部も他学部と同様に、文科省の指導の下で、学部のミッション・ステートメント（使命宣言）を掲げる。そこに飛び跳ねる鍵用語をみると、「グローバル化」、「情報化」の文言が目立つ。企業での取り組みや国の産業政策の動きが大学へと移転した印象が強い。背景に、経営学部のあり方へ直接、間接に影響をおよぼす実業界の動向がある。

経営学の対象である企業の動きを概括しておけば、米国大企業を中心に企業の「コーポレート・アイデンティティ」論が登場してきた。さらに、株主資本主義を反映した「企業の社会的責任」論、世界各地で事業展開する事業の広がりと現地での文化摩擦回避を強く意識した「企業の行動指針」論も盛んになった。この流れの下で、日本企業も従来の「社是」や「企業理念」という言葉に代えて、「ミッション・ステートメント」を掲げる。政府の産業政策や中小企業政策でも、「グローバル化」、「情報化」、「イノベーション」への対応論が盛んである。当然ながら、この動きは経営学部の「ミッション・ステートメント」へも反映される。配当科目論の今昔でも、この傾向は首肯できる。従来の定番科目の会計・簿記、マーケティング論のほかに、「グローバル（化）」や「国際（化）」、「情報（化）」が冠される科目が増え、「〜〜戦略論」も盛んである。

ここで経営学部「あるべき論」に戻っておく。結論を急げば、経営学部とは経営者を育てることに学びの主眼をおく場であって良い。しかし、このような「ミッション・ステートメント」を全面的に掲げたところは、管見ではあまりない。配当科目でも、たとえば、高学歴若年層の高失業率に苦しんできた欧州諸国からみれば、かなり遅れて「起業論」、「起業家論」や「起業家経済論」が登場した。現在でも、起業家の育成などを全面的に強調する経営学部は少数派である。経営者育成を前面に打ち出した学校が登場しないのは、ベンチャー起業家と同様に、経営者などを学校教育で養成できるのかという根本的な問い――疑問――があるからだ。

中小企業経営者の多彩な出自がそれを物語っている。すでに第二章で論じたように、中小企業経営者の学歴は多様なものだ。むろん、経営学部の卒業生もいるが、同じ社会科学系では法学部や理工学部の出身者、なかには医学・薬学系、芸術系の学部出身者もいる。これから見ると、たしかに経営者への途は単線ではなく複線である。こうした複線的な経歴は、改めて経営学部で何を学び、何を教えるべきかという問いを複雑にさせる。

理工学部などと経営学部の配当科目は大いに異なる。前者は、科学や工学でのアイデアを生み出す基礎科目や応用科目が多いのが特徴である。他方、後者ではいわゆる諸「管理」論が並ぶ。ところで、「管理」の英訳にはつぎのような言葉がある。たとえば、"manage" "administrate" "control" "supervise" “maintain”　いずれもラテン語系である。最初の“manage”はラテン語の「手を用いて扱う」という“manus（hand）”から派生した。二つめの“adminstrate”は接頭語の“ad”と「仕える」という意味のラテン語“nistrare”から構成された言葉である。このなかにあって、“control”はフランス語源の「原簿と照合するための会計簿の控え」を意味する“controler”から派生した、最も経営的な用語だ。“maintain”は、語源的には“manage”と同じ“manus（hand）”に「（手に）持つ」の意の“tenere（tain）”が着いた言葉である。換言すれば、管理とは現状の維持のことである。

「管理」という考え方は中小企業に限らず、企業経営に不可欠で、会計、簿記などの知識の習得は重要である。また、「管理」は、資金の流れを管理する財務だけではなく、生産や物流、販売などをいかに上手く維持するか、そのための「管理」を内容とするものでもある。これらの知識は必要に応じて、その都度、学習できる。しかし、新たな事業を起こし、あるいは既存事業を多角化する際には、管理よりもまずはビジネスのアイデアが必要である。世の中にはいろいろなアイデアを考えつく人は意外と多い。ただし、特許だけをとって満足する人もいれば、アイデアを生み出すことだけに熱中する人も多い。アイデアをビジネスへと昇華させる人は少ないのである。それでは、素晴らしいアイデアを生み出し、そのアイデアを生かす創造性育成教育までが経営学部教育の範囲なのか。それであれば、オーストラリアなどのように大学工学部に、経営に必要な諸管理論を配当するやり方もある。

3　経営者の養成を積極的に掲げる経営学部があっても良い。しかし、経営者を目指す人たちがそんなにいるわけではない。経営者もいれば、経営をささえる専門職なども必要である。その意味では、経営学部には経営に関わる人たちへの知識を体系的に伝える機関としての意義はある。実際のところ、経営学部の存立意義はそのあたりに落ち着いている。私立大学の経営学部の諸管理論のなかには、「中小企業論」も登場する。十数年まえでは科目配当されなかった「ベンチャー企業論」や「起業論」を設ける大学も多くなった。「ベンチャー企業論」にしろ、「起業論」にしろ、あるいは「中小企業論」にしろ、それらの内容は各国の経済構造、社会構造や文化構造と無縁ではない。

学生たちの多くが大組織で働くことを望む日本社会では、企業間の流動化率が高く、大組織からのスピンオフ（アウト）文化が盛んな米国の企業文化とは異なる取り組みが必要である。大企業にせよ、中小企業にせよ、それらは社会の企業文化をかたちづくる。大企業と中小企業の経営行動には共通する領域と異なる領域がある。共通するのはどちらも企業体の維持が経営目的である点である。ただし、大企業がもっぱら大規模な階層組織ゆえの経営組織的行動を取るのに対して、中小企業は経営者の個人的行動が強く働く。この点は国や地域が異なっても共通する。中小企業と大企業とでは、活動の場の社会構造が異なり、それが双方の経営行動に影響を及ぼす。

大企業は多国籍化するにつれ、従業者の国籍も多国籍化し、組織維持のための統一原理や組織規範のあり方は一層複雑化する。他方、中小企業のほとんどは小規模組織であり、その一定数はファミリービジネスである。そこには国民性の違いが反映される以上に、小規模の組織原理が働く。経営者とそこに働く人たちの心理的距離感もきわめて近い。

ここで経営社会学のアプローチを再確認しておくと、それは企業を一つの人間集団としてとらえ、経営者とそこに働く人たちとの関係をとらえるところに主眼が置かれる。そうしたアプローチにはイデオロギーが生じる。なぜなら、あるべき経営者の行動が暗黙裡に想定されているからだ。しかしながら、その行動原理＝権力が個人の疎外をもたらす場合に、経営社会学はそれをどのように論じるのだろうか。経営者側から論じるのか、働く人たちの側から論じるのか。双方のギャップが大きければ大きいほど、企業経営の基本原理が問われることになる。

大きな企業であろうとも、小さな企業であろうとも、働く人たちが自分たちの地域社会との豊かな関わりのなかで、働く幸福感をきちんと確立できることが重要である。幸福感の尊重こそが企業経営の基本原理である。このことを考える豊富な機会を提供することこそが、経営学部教育の本筋とはいえないだろうか。多くの企業経営者には、「強者は語らずとも」あるべき経営原理への探求がある。しかしながら、強者こそ語るべきなのである。

1　弱者は語らずとも

生物界では、多様性が環境変化などへの対応で重要な役割を果たす。組織も同様で、経済活動においても、営利組織と非営利組織の多様な存在が、私たちの社会を豊かにする。

ところで、経済活動の主体を、民間企業と暗黙裡にとらえてはいないだろうか。経営規模からくるハンディキャップを補い、経営上の強い点を活かし、弱い点を補うことで社会生活の向上をめざす協同組合は、中小企業にとっても重要な存在である。協同組合の歴史をたどれば、弱者は語らずとも、協力することで自身の存立基盤を強くしてきた。協同組合の結成史は、農民や小商工業者、工場に働く人たちが、社会的弱者から脱却する行動の歴史であった。工場に働く人たちが日用品をより安く購買するために、協同組合の活動は創始された。英国のロッジデール組合はその典型であり、その後の労働運動の流れを形成した。

やがて、組合活動は資本主義の急速な勃興による社会混乱の下で、当時の一般市民、家庭の主婦たち、キリスト教関係者の関心を呼び覚まし、日用品だけではなく、住宅購入、医療サービス、金融・保険などの分野でも「協同」理念を定着させ、さまざまな協同組合活動が生み出された。さらに、協同組合活動は農業者や小生産者など生産活動の分野へと拡がりをみせた。

日本の場合、欧州諸国などの取り組みを参考に導入された明治三三［一九〇〇］年の「産業組合法」の制定によって、協同組合活動は農業、漁業から商工業、そして消費者に徐々に拡がった。留意すべきは、英国やドイツなど欧州諸国で発達してきた制度が、日本社会にそのまま定着したとは限らなかったことだ。それは、あたかも、外国産の種や苗を日本の土壌へ移植しても同じような果樹が収穫できないことに似ている。産業組合として官主導——「上から」——の下に導入した日本の場合には、当時の農村社会で大きな地位を占めた地主層が、協同組合制度の運営上の主導権を握った。それゆえ、英国などの「下から」の草の根運動から生まれたのとは異質の共同事業として定着した。日本で本格的に協同組合が結成されるのは、大正期半ばからである。大企業体制が確立され始めたことにより、個人事業や小さな事業体が生産、販売、金融の面で対抗する必要性が高まったことが、背景にある。

商業や工業の分野で中小企業組合が本格的に誕生するのは、第二次大戦中の戦時統制時は別として、戦後である。戦後復興がエネルギーや交通通信分野の大企業を中心に進むなかで、中小企業は資金難や資材入手難に苦しんだ。弱者は苦境を語らずとも協力の精神の下で、戦後の混乱期を生き抜く必要があった。それゆえ、自他共存の取り組みとして、各地に多くの中小企業関連組合が結成された。

それでは、中小企業にとって、個別経営の競争を超えた、協働・協同行為としての組合活動とは何であったのか。成長著しい大企業＝強者に対抗する上で、弱者の連合体としての協同組合が強者として存立できたのかどうか。結論からいえば、協同組合は個別事例では強者に近い立場を確保できたが、全体としてみればそうではなかった。現在でも、お世辞にも中小企業の組合活動が活発であるとは言い難い。組合活動が活発化したのは高度成長期であった。当時は、個々の中小企業も、「弱者を語らずとも」、協同・協働することの必要性を感じていたのだ。

高度成長期は、戦前・戦中の統制経済から解き放たれた自由な企業活動によって、日本経済が高い経済成長率を達成した時期であった。多くの企業が企業規模に関わらず大きく成長を遂げたが、その過程はつねに生産と消費のアンバランスなシーソーゲームであった。自由すぎる市場競争は、皮肉にも政府の統制を呼び寄せた。自由競争が生み出したパラドクスである。すなわち、当初は外貨獲得のために、繊維や雑貨などの中小企業の輸出促進に期待がかけられたが、中小企業間の競争が過熱化すると、政府は管理された競争を望んだ。当時の政策論議には、「過当競争」、「過剰生産」や「生産調整（カルテル）」などの用語が登場する。

これらの用語は高度成長期の中小企業の存立をとらえ直す意味で、重要な鍵になる。高度経済成長の「高度」というのは、発展レベルの質を示す。単に経済の規模拡大のスピードを示すのであれば、高成長率経済が妥当な表現である。本来、高度経済成長とは経済の量的拡大とともに、質的拡大を達成する意味をもった言葉なのである。現実は、経済の量的拡大が質的拡大を上回り、日本社会にさまざまなひずみを生み出した。生産や販売の量的拡大が自己目的化して、企業間の市場占有率をめぐる競争は過熱化し、個別企業の設備への過大投資がしばしば顕在化した。その都度、米国市場などへの輸出ドライブや、国内市場での製品値引き競争によって、在庫調整が行われたものの、資金繰り面で行き詰まる中小企業も多かった。通商産業省（当時）は、カルテル規制をめぐる公正取引委員会との確執の下で、「過剰生産」→「過当競争」の負の連鎖の抑制のために、「生産調整」目的のカルテル(*)を認めた。

＊カルテル――企業が協議によって販売価格、生産数量、販売先地域の分割、操業率の短縮、設備投資の制限、

過剰設備の廃棄、在庫凍結など、販売や生産にかかわる協定を結ぶことである。独占禁止法では消費者利益や市場経済制度の効率性を阻害するという視点から、企業間のカルテル行為を原則禁止してきた。ただし、不況期において、企業倒産の増加による国民経済の混乱を防止するために例外的に認めてきたほか、輸出競争力の確保や経済外交の必要性から合理化カルテルが締結されてきた歴史的経緯もある。

しかし、自由貿易体制の下では、国内カルテルの効力は薄れ、かつての政府主導カルテルも容認されなくなった。考えてみれば、資金力に頼った投資拡大は、中小企業にとって体力勝負のようなものだ。やがて疲弊し、消え去っていった企業も多かった。そうした中、価格勝負の強者をめざした価格競争力の場から、非価格競争へと経営のかじを切った中小企業などが新たな存立基盤を確立させた。

高度成長期は、自由競争下の企業間の厳しい競争を通じて、大企業のみならず中小企業もまた国際競争力を引き上げていった時期である。同時に、中小企業の組合結成数も増加した。この意味で、高度経済成長期は競争ばかりをイメージさせるが、同時に、企業間の協力も行われた時期として記憶しておいてよい。それが、現在では競争ばかりが強調され、協力は弱者の論理として、どこかに打ち捨てられた感がある。

2　高度成長期の中小企業は、互いに競争的であった。その競争関係は、閉じられた範囲内の二重の競争でもあった。「二重」の競争の一つめは、同じ系列内の中小企業間の競争である。もう一つは、他の系列企業グループ間の競争である。こうした競争環境での部品調達の発注・受注は、階層的な構造の下で展開した。すなわち、一次下請、二次下請、三次下請と多層にわたって、中小零細企業が存立した。しかしながら、発注側の大企業が海外事業を展開させ、世界最適調達方針を取るに従い、国内中小企業からの部品調達にこだわる必要性は減じてきた。系列下の中小企業の再編が進み、結果、機械・金属部品の製造や加工に関わる中小企業も分化してきた。現在では、国際競争力を強化することで従来からの取引関係を維持しつつ、海外取引先も積極的に開拓できた中小企業、国内取引に特化し取引関係を維持する中小企業、従来からの取引関係からの脱却を迫られてきた中小企業が点在する状況である。

大企業の海外生産拡大は貿易不均衡問題を引き起こした。貿易不均衡は、日米間の貿易摩擦から経済外交上の問題に発展し、日本の取引慣行にも改善が求められた。対象も繊維からやがて鉄鋼、電気製品、電子部品、そして自動車などへ広がった。米国側からは、不公正取引関係として、系列取引の是正が求められた。この種の外交政治上の議論は、経済的合理性だけをめぐるものではない。それは、しばしば、容易に決着がつきそうもない文化摩擦でもあった。しかし、最終的には外交や内政上の政治的妥協がはかられ、系列取引問題も政治的文脈で処理され、日本側の米国への直接投資を呼び起こした。家電などは、米国で事業展開するとともに、アジア諸国での事業活動とそこからの米国輸出などを通じて、アジアの工業化を進展させた。自動車も、米国での生産を拡大させていった。この流れが、前述の中小企業の存立の三パターンの背景であるが、はたして系列取引や取引慣行は日本文化に根差したパターナリズ

ム的なもので、経済的合理性を欠いたものであったろうか。(*)

＊パターナリズム――家父長主義、家族主義、温情主義という言葉に置き換えられることもある。親子の保護と監督という関係が擬制化されて、表面的には支配と被支配の関係を感じさせないような、権利抑圧的な関係を指す。この関係の下では、支配者の強制によらず、被支配者はあくまでも自主的に支配者の要求を「忖度」したような行動を取る。これが果たして日本社会での家族主義という特殊なものであったのかどうかは十二分に問われてよい。

取引慣行は、個別産業での歴史的な発展経緯や産業特性によるもので、その是非を一律に論ずるには無理がある。たとえば、自動車産業であるが、米国の戦時体制の下で軍需生産の主導的地位を占めたのは、フォードなどビッグスリーであった。ビッグスリーは軍需生産で強大な資本蓄積を推し進め、戦後の民需生産転換に当っては、きわめて内製率の高い生産体制を築き、外部のサプライヤーの利用度は低かった。他方、日本の加工組立産業では、自動車メーカーなども資金や設備に余裕はなく、自社の限られた経営資源を最大利用できる加工分野から生産を再開した。彼らは中小企業からの調達を通して生産の拡大を目指した。そこには戦勝国の米国とは異なった、敗戦国の復興過程における経済合理性が反映された。それが、日本経済と世界経済との関連性が変化するにつれ、従来の取引関係も経済合理性を求めて変化した。取引関係の経済合理性は、個別企業の経営合理性をも強く求めることになる。だが、一旦成立した生産や販売のシステムは、短兵急に新たなシステムへと進化しえない。

展望すれば、新たな環境条件に緩慢ながらもなんとか対応しえた企業、新たな分野へと転換をはかった企業などがあった。高度経済成長期にはこの種の新陳代謝が盛んであった。人口増による内需市場の拡大、旺盛なインフラ整備需要、日本に有利な輸出市場の存在が、新陳代謝に伴う痛みを緩和させ、失敗者にもセカンドチャンスを提供できた。このような条件が変化してきた現在、中小企業にはどのような発展パターンがあるのだろうか。衰退が予想される産業分野や、縮小過程に入った地域経済のなかで、弱者は語らずとも、新たな環境条件のなかで新たな経営資源を掘り起こし、新たな経営のやりかたを模索するしかない。

中小企業の将来像

さて、中小企業の将来像である。地方の中小企業の経営問題として、「人手不足倒産」がまことしやかに論じられる。これは、つねづね中小企業団体関係者も危惧する経営問題であったが、ようやく様々なマスメディアに登場してきた。労働市場での需給関係は、景気のサイクルに連動するかたちで表出する。一九七〇年代のニクソン・ショックや石油ショック、そして二〇〇〇年代のリーマンショックなどのショックといわれる時期には、企業は設備投資や追加雇用などに慎重になった。リーマンショック時には先行不透明との判断から、大企業など多くの企業は新規学卒者の採用に慎重になった。その後、円安傾向の下での輸出回復や、年金支給前の団塊世代の第二の退職者増ともあいまって、いびつとなった年齢構成の是正から、企業は新規学卒者の採用を増加させた。結果、タイトとなった新卒労働市場の下で、中小企業が人材確保に苦労するという従来通りの展開が眼前にある。

これは新規学卒の労働市場が二部構成である傍証でもある。第一部労働市場＝大企業や官公庁を中心とする採用市場、第二部労働市場＝中小企業を中心とする採用市場という二部構成である。第一部と第二部との関係は濾過装置のようであって、つまり、卒業予定の学生は、まずは大企業や官公庁を希望することで労働市場に参入し、そこから「溢れた」学生が中小企業へと向かう構図がある。もちろん、大学・大学院の卒業生を引きつける中小企業もある。とりわけ、大学との連携に熱心で、新製品などの研究開発に取り組む中小企業は、新卒学生の確保で決して大企業に劣ってはいない。しかし、残念ながら、このような中小企業は少数派である。この種の中小企業が多数派となれば、日本の中小企業の将来像はまちがいなく明るい。

考えてみれば、消費財市場と同様に、労働市場の需給メカニズムは、価格＝賃金のシグナルで作動する。人は給与面に惹かれやすい。実際の会社の良し悪しは、入社後に実感できる。入社前や転職前には不可能であろう。大企業でもさまざまな職種や職能の仕事があって、すべての仕事が働く人に満足を与えるわけではない。日本では就社が多く、就職前には事務職と技術職の大まかな区別はあっても、実際の仕事は入社してから決定される。商品でいえば、品質は使ってみて、はじめてわかってくる。それゆえ、給与は重要なシグナルとなる。また、大企業ならば多くの人が名前を知っていることで、社会的信用も大きく、給与に次ぐ重要なシグナルとなる。

しかし、世界的競争力をもつ大企業でも、その事業展開によって日本での雇用貢献度が、今後低下することは十分予想される。そうしたなかで、雇用面で、中小企業の果たす役割は大きい。逆に、企業経営の水準は人材によって決せられるため、中小企業の命運は人材確保にある。

大企業と中小企業のちがいを再考しておこう。まずは、企業規模自体の相違がある。従業員、資本金――資産額――、売上額等において、大企業と中小企業はやはり異なる。ただし、大きいから何でも良いというわけではない。一人当たり売上額、一人当たり利益額、一人当たり研究開発額など単位換算すれば、企業規模に関係なく企業の優位性が現れる。つぎに目立つちがいは知名度である。実は、これが中小企業にとって厄介である。大企業とて、小さい事業体から創始され、中小企業をへて大企業へと成長した。製品名がまず知られ、つぎに企業名が知られることで、消費市場での消費者の認知度が高まる。この過程は企業の成長の過程でもあった。名前を知られることが企業成長にとって、大きな原動力となった。

中小企業の将来像を語るとき、中間財のような製品、部品やその加工などに特化していれば、まずは一般消費者に企業名が知られることはない。しかしながら、展望ある将来を切り開くためには、自社の名前を広く知られる努力、とりわけ、情報発信を心がけなければならない。大企業と中小企業との間にある埋めるべき溝は、情報発信格差である。これから社会へ巣立つ若い学生たちが、多種多様な存立形態をもつ中小企業の実態を知ることのできる機会は限られる。しかし、インターネットの普及でこの現状が変わりつつある。インターネットの普及は、大企業だけに可能であった情報発信を、中小企業にも可能にした。中小企業は工夫次第で情報発信のハンディキャップを克服しうる。中小企業のイメージが変わる可能性もあろう。

人は身近な出来事は別として、マスメディアや人びとの伝聞からイメージを作り上げ、その下で行動する。イメージとは想像された「像」のことであり、実像とは異なる。そして、多くの問題は想像と実像との距離が大きいゆえに生じる。中小企業にもさまざまなイメージが付随する。これからは、中小企業も積極的に情報発信することで、従来のイメージの払拭が肝心だ。

中小企業の抱える主要問題のもう一つは、承継問題である。背景には、日本経済の変容がある。

かつては「多産多死」＝高い開業率と高い倒産率が同居した時代もあった。明治時代に日本の産業政策指針となった『興業意見』（明治一七〔一八八四〕年刊行）を著した前田正名（一八七〇～一九二一）は、日本人は起業意欲が高いものの、倒産に至るケースの多いことを嘆き、その主因に計画性の無さを挙げた。

第二次大戦後の高度成長期もまた多産多死の時代であった。しかし、多産多死の時代は、企業の新陳代謝の活発な時期でもあり、セカンドチャンスもあった。生まれたばかりの新しい企業は、倒産する場合も多いが、経済の活性化には新しい企業が生まれ、新しい事業分野へ挑戦する社会的気運が必要だ。

現在は「少産少死」の時代である。企業が少なければ、倒産も少なくなる。しかし、今日、倒産はともかく、後継者のいない小さな企業を中心に廃業が多い。これ以上、企業数が減少すると、経済全体を活性化させるエネルギーが減じる。新しい事業への挑戦者がさらに減少するであろう。

企業数を減少させない方策なども論議されている。一つは承継税制の見直しである。しかし、これはあくまでも企業の承継が大前提である。したがって、承継者の確保が先決である。親から子や孫へと血縁関係内での譲渡でなく、経営を希望する人たちに企業が譲渡されれば良いという考え方もある。これには従業員によるマネジメント・バイ・アウトもあれば、全くの第三者への売却もある。米国などでは後者が多いが、日本では双方ともそう多くはない。

元来、創業へのエネルギーは大きい。創業後のさまざまな失敗を繰り返しつつも、その苦しい時期を乗り越えて安定的な取引関係が築かれることで、倒産を回避してその後の発展につながったとする中小企業も多い。苦労の末に構築された取引関係こそが、企業にとって見えない資産である。事業承継というかたちで、そうした資産を継承できることには、数々のメリットがある。これから新たに事業を創始する人たちにとって、その種の資産をうまく活用すれば、創業後のリスク低下につながる。それは、種から果樹へと時間をかけて育てるのではなく、苗木を既存の樹木に接ぎ木することで、苗木の成長を促し、早く実を結ばせることと同様である。これもまた、今後の新しい中小企業像であるのではないだろうか。

活力に満ちた中小企業が私たちの地域に増えること、これが重要である。もし、そのような中小企業が希少であるとすれば、何が障害となっているのか。何が発展の機会を奪っているのか。理不尽な障害があるとすると、それは何なのか。それらをどうして取り除くことができるのか。それは個々の中小企業の経営努力で突破できることなのか。

個々の経営努力を超えた制度的な障害があるとすれば、それを取り除く努力を怠っては、中小企業の新たな将来像は私たちの前には現れないことだけは確実だ。

あとがき

中小企業数は、日本では昭和六一〔一九八六〕年をピークに漸減してきた。それでも商業・サービス業を中心に三八〇万前後ある。これは、企業全体の九九％にあたる。

中小企業を「研究（論議）」する意義はどこにあるのか。模範解答はどうあるべきか。これを意識して『中小企業の社会学――もうひとつの日本社会論――』（信山社刊）を著した。それから、一五年以上が経過した。類書もなく長く読み継がれてきた。その後の経済環境や社会環境も変わるなかで、後継本をまとめたいと思った。経営社会学の視点からまとめたのが本書である。

テキストとして守るべきは、「わかりやすさ」である。テキスト市場を見渡せば、一人の著者が一冊の本を書くことは少なくなった。時に十人近くの手になるテキスト本は、はしがきに「体系的」と謳われている割には一貫性に欠ける。チームスポーツのように心を一つにして書く姿勢の維持は難しい。また、テキストには「ストーリー性」も大事だ。いずれにせよ、これから社会に出て、働き生きる若い学生を意識して書き始めた。書いているうちに欲が出た。経営者や中小企業研究を始めたい若い人たちにも読んで欲しいと思うようになった。この路線変更で、わかりやすさが犠牲になったとすれば、読者のご寛恕に甘えるしかない。

中小企業研究史では、一九五〇年代後半までは、中小企業の経済復興へ果たすべき役割が論じられた。その後、大企業の復活によって、大企業と中小企業との下請関係が分析対象となった。一九六〇年代からは高度成長経済に果たすべき役割と現状分析が中心となった。一九七〇年代は、石油ショックやニクソンショック――米国政府の急速な円高誘導外交――への対応をめぐる論議が進展した。一九八〇年代以降、大企業を中心として海外展開が加速化すると、中小企業研究においても、グローバル化がテーマとなった。他方で、中小企業の地域のローカル経済に果たす役割も注視され、ベンチャー企業論あたりも登場した。

中小企業の理想像をめぐる議論は、ベンチャー企業論やイノベーション論とも関連していまも盛んだ。中小企業像も多様化した。下請型中小企業論に加え、真反対の小さな巨人＝ニッチ企業論もある。ただ、勇ましいだけのベンチャー論やニッチ論だけで、従来の中小企業像を置き換えるには無理がある。この種の白黒論の間には、多くのグレーゾーンがある。過去を知る者だけが未来の主人となれる。未来への展望は、過去を無視し切り捨てて開けない。本書で中小企業の歴史を振り返ったのも、未来への展望を探る上で格好の材料があるからだ。

もうすぐ大学を去る身であるが、内容的には、私自身も満足とまではいえない。仕方がない。現時点での私の拙い到達点だ。社史については、大阪経済大学中小企業・経営研究所の社史コレクションを活用させていただいた。感謝申し上げたい。本書の刊行では、信山社の渡辺左近氏にお世話になった。最初の本でお世話になってから三〇年が過ぎた。感謝以外の言葉が見当たらない。

参考文献

石坂巌『経営社会学の系譜』木鐸社、一九七五年
ウォード、キングスレー（城山三郎訳）『ビジネスマンの父より息子への三〇通の手紙』新潮社、一九八七年
尾高邦雄『産業社会学講義―日本的経営の革新―』岩波書店、一九八一年
面地豊『経営社会学の生成』千倉書房、一九九八年
川島哲郎・野澤巌編『現代日本の地域政策』大明堂、一九八八年
小関智弘『町工場の巡礼の旅』現代書館、二〇〇二年
（財）商工総合研究所編『図説・日本の中小企業』（各年版）商工総合研究所
竹内常善・阿部武司・沢井実編『近代日本における企業家の諸系譜』大阪大学出版会、一九九六年
鄭（チョン）賢淑『日本の自営業層―階層的独自性の形成と変容―』東京大学出版会、二〇〇二年
中根千枝『タテ社会の人間関係―単一社会の理論―』講談社、一九六七年
中村秀一郎・秋谷重男・清成忠男・山崎充・坂東輝夫『現代中小企業史』日本経済新聞社、一九八一年
中村隆英・尾高煌之助編『二重構造』岩波書店、一九八九年
日本政策投資銀行総合研究所『新規開業白書』（各年版）日本政策投資銀行
原純輔・盛山和夫『社会階層―豊かさの中の不平等―』東京大学出版会、一九九九年

ピシオーネ、デボラ・ペリー（桃井緑美子訳）『シリコンバレー最強の仕組み―人も企業も、なぜありえないスピードで成長するのか？―』日経ＢＰ社、二〇一四年
ブラックフォード、マンセル（川辺信雄訳）『アメリカ中小企業経営史』文眞堂、一九九六年
ブルデュー、ピエール、パスロン、ジャン・クロード（宮島喬訳）『再生産（教育・社会・文化）』藤原書店、一九九一年
細内信孝『コミュニティ・ビジネス』中央大学出版部、一九九九年
村田稔編『経営社会学』日本評論社、一九八五年
渡瀬浩『経営社会学』丸善、一九七〇年
Shuman, H. Michael, *The Small-Mart Revolution: How Local Businesses Are Beating The Global Competition*, Berett-Koehler Publishers, 2006.
-*The Local Economy Solution: How Innovative, Self-Financing "Pollinator" Enterprises Can Grow Jobs and Prosperity*, Chelsea Green Publishing, 2015.
Wicks, Judy, *Good Morning, Beautiful Business: The Unexpected Journey of An Activist Entrepreneur and Local Economy Pioneer*, Chelsea Green Publishing, 2013
Wynn, Garrison, *The Real Truth about Success: What the Top 1% Do Differently, Why They Won't Tell You, and How You Can Do it Anyway*, MacGraw-Hill Education, 2009

事項索引

【さ】

【た】

【や】

【ら】

【わ】

【著者紹介】

寺岡　寛（てらおか・ひろし）

1951年神戸市生まれ
中京大学経営学部教授，経済学博士（京都大学）

〈主著〉

『アメリカの中小企業政策』信山社（1990年），『アメリカ中小企業論』信山社（1994年，増補版，1997年），『中小企業論』（共著）八千代出版（1996年），『日本の中小企業政策』有斐閣（1997年），『日本型中小企業』信山社（1998年），『日本経済の歩みとかたち』信山社（1999年），『中小企業政策の日本的構図』有斐閣（2000年），『中小企業と政策構想』信山社（2001年），『日本の政策構想』信山社（2002年），『中小企業の社会学』信山社（2002年），『スモールビジネスの経営学』信山社（2003年），『中小企業政策論』信山社（2003年），『企業と政策』（共著）ミネルヴァ書房（2003年），『アメリカ経済論』（共著）ミネルヴァ書房（2004年），『通史日本経済学』信山社（2004年），『中小企業の政策学』信山社（2005年），『比較経済社会学』信山社（2006年），『起業教育論』信山社（2007年），『スモールビジネスの技術学』信山社（2007年），『逆説の経営学』税務経理協会（2007年），『資本と時間』信山社（2007年），『経営学の逆説』税務経理協会（2008年），『近代日本の自画像』信山社（2009年），『学歴の経済社会学』信山社（2009年），『指導者論』税務経理協会（2010年），『アレンタウン物語』税務経理協会（2010年），『市場経済の多様化と経営学』（共著）ミネルヴァ書房（2010年），『アジアと日本』信山社（2010年），『イノベーションの経済社会学』税務経理協会（2011年），『巨大組織の寿命』信山社（2011年），『タワーの時代』信山社（2011年），『経営学講義』税務経理協会（2012年），『瀬戸内造船業の攻防史』信山社（2012年），『恐慌型経済の時代』信山社（2013年），『田中角栄の政策構想』信山社（2013年），『地域文化経済論』同文舘（2014年），『福島後の日本経済論』同文舘（2015年），『強者論と弱者論』信山社（2015年），『地域経済社会学』同文舘（2016年），『社歌の研究』同文舘（2017年），『ストック文化経済論』信山社（2017年）

中小企業の経営社会学―もうひとつの中小企業論―

2018年（平成30年）7月15日　第1版第1刷発行

著　者　寺　岡　　寛
発行者　今　井　　貴
　　　　渡　辺　左　近
発行者　信山社出版株式会社

〒113-0033　東京都文京区本郷6-2-9-102
電　話　03（3818）1019
FAX　03（3818）0344

Printed in Japan

© 寺岡　寛，2018.

印刷・製本／亜細亜印刷・日進堂製本

ISBN978-4-7972-2781-9　C3333

● 寺岡　寛　好評既刊 ●

『アメリカの中小企業政策』 1990 年

『アメリカ中小企業論』 1994 年，増補版，1997 年

『日本型中小企業—試練と再定義の時代—』 1998 年

『日本経済の歩みとかたち—成熟と変革への構図—』 1999 年

『中小企業と政策構想—日本の政策論理をめぐって—』 2001 年

『日本の政策構想—制度選択の政治経済論—』 2002 年

『中小企業の社会学—もうひとつの日本社会論—』 2002 年

『スモールビジネスの経営学—もうひとつのマネジメント論—』 2003 年

『中小企業政策論—政策・対象・制度—』 2003 年

『通史・日本経済学—経済民俗学の試み—』 2004 年

『中小企業の政策学—豊かな中小企業象を求めて—』 2005 年

『比較経済社会学—フィンランドモデルと日本モデル—』 2006 年

『起業教育論—起業教育プログラムの実践—』 2007 年

『スモールビジネスの技術学—Engineering & Economics—』 2007 年

『資本と時間—資本論を読みなおす—』 2007 年

『学歴の経済社会学—それでも，若者は出世をめざすべきか—』 2009 年

『近代日本の自画像—作家たちの社会認識—』 2010 年

『アジアと日本—検証・近代化の分岐点—』 2010 年

『巨大組織の寿命—ローマ帝国の衰亡から学ぶ—』 2011 年

『タワーの時代—大阪神戸地域経済史—』 2011 年

『瀬戸内造船業の攻防史』 2012 年

『田中角栄の政策思想—中小企業と構造改善政策—』 2013 年

『恐慌型経済の時代—成熟経済体制への条件—』 2014 年

『強者論と弱者論—中小企業学の試み—』 2015 年

『文化ストック経済論—フロー文化からの転換』 2017 年

信　山　社